Mon parcours de dyspraxique

Éditions Eyrolles
61, bd Saint-Germain
75240 Paris Cedex 05

www.editions-eyrolles.com

Avec la collaboration d'Anne Jouve

© Éditions Eyrolles, 2019
ISBN : 978-2-212-57242-1

Julien d'Arco

Mon parcours de dyspraxique

Récit d'un handicap invisible

Préface d'Alexandra Reynaud

Postface d'Hélène Hernandez

Éditions **EYROLLES**

À ma mère,
À mon père,
À ma sœur,
À mon frère,
À Marion,
À mes amis.

L'écorce et le contre-courant

Il y a la peur, les rancœurs,
Il y a les blessures du cœur, la fureur,
Il y a les confrontations, les désillusions,
Il y a la colère, ce poison,
Il y a la souffrance, l'errance.
Mais
Il y a l'espérance,
Qui subsiste dans les miettes de mon enfance ;
Ces bribes de mon passé
Que je n'ai pas su écouter.
Mais
Il y a surtout mes proches
Que, malgré moi, j'écorche.
Ils constituent ma plus grande force,
Ils sont mon écorce.

Sommaire

« *La résilience, c'est l'art de naviguer dans les torrents.* »
Boris Cyrulnik

Préface

Lorsqu'ils entendent parler de «handicap», bien des gens vont avoir à l'esprit une image précise, fermée. Celle-ci se résumant la plupart du temps à une personne affichant de prime abord un problème manifeste. Un souci qui saute aux yeux, tout simplement.

On accepte facilement l'idée que quelqu'un se déplaçant en fauteuil roulant, ou quelqu'un présentant une trisomie, soit handicapé. Il ne viendrait à personne de contester cette évidence, pas plus que de remettre en cause tant les diagnostics que les aides mises en œuvre pour épauler cet individu à évoluer dans un monde qui n'est pas tout à fait à sa mesure.

En revanche si une personne que l'on estime parfaitement «normale», avec tout ce que renferme ce terme en matière de jugement, de biais et de parti pris, vient à revendiquer une forme de handicap, on se méfie. On n'y croit pas. On pense «foutaise»!

Pourtant 80% des handicaps sont invisibles. Et sauf à être sensibilisé(e) à une cause qui constitue une part de ces huit personnes handicapées sur dix, on ne le sait pas. Comme dans de nombreux domaines, nous avons tous en tête un certain nombre de préjugés, plus ou moins tenaces, plus ou moins discriminants, sur des sujets dont nous ignorons finalement tout ou presque.

Les témoignages tels que celui de Julien d'Arco sont précieux. Ils peuvent assurément faire changer le regard de la société sur des thématiques peu ou mal connues, y compris parmi les professionnels de santé et d'éducation.

Ce livre nous montre combien un handicap, la dyspraxie, n'est pas forcément apparent. Combien il est toujours douloureux de se sentir incompris, nié, moqué. Combien subir cette double peine en devant se justifier continuellement, en plus de mener un combat contre soi-même, est épuisant. Combien faire des efforts titanesques pour chaque tâche du quotidien, réalisée facilement par les autres, et taire cette injustice peut être source de souffrance intérieure, de frustration, de désenchantement.

Mais la force de ces pages réside aussi dans l'énergie fantastique déployée par l'auteur pour dompter cette dyspraxie dont le diagnostic, posé à l'âge de 21 ans, l'a terrassé sur l'instant. Jusqu'à parvenir à dépasser ce trouble qui le suivra tout au long de sa vie.

Julien d'Arco a su en faire un atout personnel et professionnel, et par ce témoignage intime, il continue à transmettre et à aider ceux qui, comme lui, vivent avec.

Alexandra Reynaud
Auteure de *Les tribulations d'un petit zèbre*,
autiste Asperger à haut potentiel intellectuel

Préambule

Je m'appelle Julien d'Arco, je suis né le 5 août 1988. Je suis maître-nageur professionnel et j'exerce ma fonction en tant que moniteur-éducateur de terrain auprès d'enfants en situation de handicap. Je les aide à améliorer leur vie et leur autonomie en leur apprenant à nager et en leur donnant tous les « trucs » que je peux trouver pour les faire se sentir mieux. Et pourtant… Pourtant je suis dyspraxique et j'ai des troubles des fonctions exécutives. Le chemin pour arriver là où je suis a été un véritable parcours du combattant.

Aujourd'hui, j'ai appris par une association qu'un jeune de 13 ans avait subi des jets de pierres dans la cour de récréation de son école. Ses professeurs ne connaissent pas la dyspraxie. La mère du garçon avait alerté sur les difficultés que rencontrait son fils mais la psychologue de l'établissement pensait que la mère racontait cela pour attirer l'attention sur son enfant.

Cela se passe en France.

Nous sommes le 18 mars 2018.

Les enfants qui présentent ce type de troubles invisibles manquent de porte-parole. Leurs souffrances sont méconnues, méprisées, et l'exclusion dont ils sont victimes scandaleuse. Si l'on veut pouvoir espérer qu'un véritable protocole adapté soit mis en place pour accompagner les personnes atteintes de troubles DYS dans leur vie quotidienne afin de les aider à trouver l'intégration qu'elles méritent dans la société, il va falloir faire entendre leur voix.

Voilà pourquoi, aujourd'hui, je souhaite livrer ce témoignage, pour contribuer à préserver le bonheur et l'avenir des enfants atteints de troubles DYS. Notre société sous-estime largement les situations de handicap invisible alors qu'elle semble vouloir avancer dans le bon sens sur le sujet des handicaps visibles.

Marqué dans ma mémoire et dans mon cœur par les terribles expériences que ce handicap m'a fait traverser, je fais partie de ces jeunes adultes fatigués de ne pas être reconnus dans leurs souffrances, malmenés par un monde du travail qui nous rejette souvent alors que nous sommes nombreux à faire des efforts pour nous inclure. Efforts qui pourraient s'avérer payants si l'on nous aidait à surmonter nos difficultés pour cultiver nos capacités tout aussi présentes.

Il est temps que je tire la sonnette d'alarme.

1

Le diagnostic

En ce début juillet 2010, j'ai 21 ans, je suis avec mon père dans la salle d'attente du service de neurologie d'un hôpital de Paris. Je vais recevoir les résultats des bilans que j'ai effectués un mois plus tôt à la demande de l'institut de formation en ergothérapie dans lequel je suis inscrit afin de devenir ergothérapeute.

L'ergothérapie est une profession paramédicale spécialisée dans la préservation de l'indépendance et de l'autonomie des personnes handicapées dans leur environnement quotidien. Lorsque j'ai commencé mon cycle d'études des difficultés sont apparues, et mes professeurs s'interrogent sur l'hypothèse d'une dyspraxie visuo-spatiale à mon sujet. Je ne sais pas exactement ce que cela signifie. Je n'y crois pas vraiment non plus, car c'est un diagnostic de plus parmi les nombreux évoqués, puis écartés depuis mon enfance pour expliquer mes troubles de la marche, de l'attention, de la coordination, mais aussi une certaine impulsivité.

Je me dis quand même que refaire un bilan est intéressant voire nécessaire. En effet les connaissances en la matière ont considérablement progressé depuis mon enfance. D'autres troubles spécifiques des apprentissages ont été identifiés.

Enfin le spécialiste vient nous accueillir et nous emmène dans son cabinet afin de nous communiquer les conclusions de l'équipe pluridisciplinaire qui a étudié mon cas, composée d'une neuropsychologue, d'une psychomotricienne et d'une ergothérapeute :

– Bonjour, M. d'Arco, nous sommes en mesure de vous présenter les résultats des bilans que nous avons effectués.

– Alors ? lui demandé-je.

– Alors il semblerait que vous ayez effectivement des difficultés dans le domaine de la spatialisation. Votre profil évoque des troubles cognitifs spécifiques, que l'on appelle les troubles DYS, un type de troubles des fonctions exécutives et de dyspraxie visuo-spatiale.

Je ne sais pas si c'est à cause de son ton ou de son attitude mais mon père et moi comprenons qu'il y a autre chose.

Le médecin reprend :

– Après concertation à partir de vos bilans, nous avons conclu également à une suspicion de QI dissocié. Pour expliquer les choses simplement, votre QIV, c'est-à-dire votre quotient intellectuel verbal, qui détermine votre efficience intellectuelle générale, semble parfaitement normal. En revanche votre QIP, votre quotient intellectuel de performance, qui comporte les éléments de logique, de capacités pratiques et spatio-temporelles, se trouve plutôt en zone limite.

– Qu'est-ce que cela entraîne comme incidence sur sa vie ? demande mon père.

– Cela se traduit par des difficultés dans certaines tâches comme planifier, utiliser certains objets, utiliser les capacités visuo-spatiales qui permettent de se repérer sur un plan, faire des choses qui demandent de la coordination, comme conduire.

Mon père intervient :

– Ce que je ne comprends pas, c'est que dans sa petite enfance on nous a plutôt laissés entendre que Julien était un enfant précoce.

– C'est souvent ce qui arrive, en effet : l'enfant ressent ses difficultés et s'adapte naturellement en développant, par compensation, les compétences qui « fonctionnent ». Il prend donc de l'avance dans les domaines qui marchent bien pour lui. Mais vous pouvez néanmoins évoluer, notamment avec de la rééducation auprès de professionnels du paramédical : psychomotricien, ergothérapeute, neuropsychologue, etc. Ce qui est compliqué dans cette situation, c'est qu'il ne s'agit pas d'un handicap visible. Dans la société, l'entourage scolaire et professionnel est souvent incapable d'identifier ces difficultés. Les gens vous voient comme une personne parfaitement valide. Ils ne sont donc pas préparés à reconnaître et à comprendre vos différences par rapport à eux, comme ils le feraient avec une personne dont le handicap serait clairement apparent. Vous devez donc perpétuellement composer avec un monde qui ne vous comprend pas…

Je me mets à lire mes bilans et je reste bouche bée. C'est comme si je recevais une énorme claque, un violent uppercut ! Tout à coup j'ai honte de moi-même, honte devant cette ironie du sort : moi qui veux devenir ergothérapeute pour aider des personnes en situation de handicap, je me rends compte que c'est moi qui suis dans cette situation. Et le plus beau, c'est que cela ne se voit pas, alors personne n'est prêt à comprendre mes difficultés ! Qu'est-ce que ma famille va penser de moi ?

Je pense aussi à tous ces gens, autour de moi, qui me considèrent comme un garçon intelligent. C'est pourtant bien moi qui ai fini onzième sur huit cents au concours d'ergothérapie ! C'est moi qui ai eu 19 sur 20 en anatomie ! Mais il est vrai que j'avais travaillé, travaillé…

Soudain, je me rends compte que je n'ai fait que cela : travailler, tellement travailler. Et ma réalité me saute au visage : je suis seul, terriblement seul. Je n'ai pas beaucoup d'amis, pas de copine alors que j'ai 21 ans, ça craint ! J'ai envie de vomir, de pleurer, de sortir en courant de cette salle. J'entends comme au loin le médecin qui cherche à me rassurer en me disant qu'il vaut mieux parler de lenteur plutôt que de déficience mais peu m'importe : qu'est-ce que ça change ?

Des quantités de souvenirs me sautent à la figure : ces profs qui étaient persuadés que je ne faisais aucun effort, qui déchiraient mes cahiers… Toutes ces moqueries des autres enfants, les agressions… Cette violence incompréhensible…

J'essaie de me reprendre et de me blinder, de passer outre, de me raisonner. Après tout, j'en ai vu d'autres. Au prix d'énormes efforts quotidiens qui m'exténuent, m'isolent et me rendent irritable, c'est vrai, j'ai réussi de nombreux défis : j'ai obtenu un bac S, il m'arrive de recevoir la meilleure note de la promotion, j'ai atteint le niveau de National 3 en natation, je pratique le triathlon, alors…

Pourtant, il y a un moment où, à force de m'accrocher tout en me prenant des coups de chevrotine dans le narcissisme sans pouvoir crier, je me rends compte que je ne sais plus où trouver la force de combattre pour prouver que je sais faire ce que je suis censé être incapable de réussir.

J'arrête là mon tourbillon de pensées car mon âme pisse le sang : je ne sais que me battre et je ne sais pas aimer ni être aimé. Je reviens à la réalité et j'entends le médecin me dire, avec un certain tact, que je dois renoncer à devenir ergothérapeute.

Cet entretien au cours duquel on m'a révélé mon diagnostic a constitué un véritable point de rupture dans ma vie. Il a mis fin aux nombreuses spéculations des spécialistes sur ma santé psychique et a permis de mettre en lumière un mal que l'on ne parvenait pas à identifier. J'ai été reconnu par la suite comme travailleur handicapé, avec une orientation de travail en milieu ordinaire. Mais après ce rendez-vous, dans la voiture avec mon père, c'est comme si le masque que je portais pour continuer à avancer se brisait en mille morceaux. Ma fragilité est mise à nu, j'ai peur, peur du jugement des autres. Je ne sais que trop bien que, désormais, des personnes me jugeront trop vite sans connaître mon parcours, ni les compensations que j'ai mises en place.

J'ai de nouveau des flash-back : la maternelle, où on me tabasse parce que je marche de travers ; des types du lycée qui crèvent les pneus de mon vélo et moi, désarmé, qui ne réagis pas ; des attouchements dans une colo, dont je n'ai parlé que six ans plus tard… Je suis terrifié à l'idée de revivre ça, parce que je sais pertinemment que ce monde est trop impitoyable pour que je puisse y évoluer en étant juste moi. Mon armure, ma précieuse armure, acquise après des années d'entraînement, de travail, de souffrances, vient de tomber… Et il va falloir la réparer.

À ce moment-là, je ne suis pas du tout certain d'avoir le courage de recoller les morceaux. Je préfère littéralement mourir au combat que d'être de nouveau dénigré devant des personnes qui se sentent courageuses devant plus faible qu'elles. Parce que les vrais faibles, ce sont elles. Je ressens un profond sentiment d'injustice, comme si j'avais perdu le combat. Celui de supprimer mes difficultés qu'intimement je connais. Je suis tellement désespéré que j'envisage sérieusement d'ouvrir la portière et de sauter.

Cela peut vous sembler exagéré mais quand pendant cinq ans on a passé ses week-ends à bosser, à répéter des gestes jusqu'à se tordre de douleur dans sa chambre, quand notre Everest, c'est ce diplôme pour lequel on a mis toute sa rage, tout son cœur, et que finalement on échoue, finalement pas si loin du but, pour repartir plus ou moins de zéro, c'est dur. À cet instant, je me vois comme un alpiniste qui se laisse mourir à côté du sommet.

Ma vision de cette époque est très importante, je vais être très clair. J'avais tort. Tort de penser que mettre ma santé, ma famille à feu et à sang en valait la peine. On ne gagne pas en prouvant aux autres qu'on peut dépasser ses limites, au final, on ne fait que se fatiguer pour rien. Un vrai guerrier doit accepter ses faiblesses et avancer avec.

2

Un enfant presque comme les autres

Je suis né avec une légère prématurité mais j'étais en bonne santé. J'avais bien les pieds « en dedans » et des difficultés à téter, mais tout a vraiment commencé à l'âge de 18 mois. Mes parents commencèrent à s'inquiéter car j'avais beaucoup de mal à marcher. Ils étaient en outre désemparés de me voir plutôt peu réactif : je pouvais, par exemple, rester longtemps assis sans raison dans l'escalier, ou ne pas sembler voir que mon père claquait des doigts devant mes yeux. Bientôt tout le monde remarqua que je me cognais souvent un peu partout et que mon retard au niveau de l'acquisition de la marche se creusait.

En revanche, je parlais avec une aisance qui, pour le coup, me faisait paraître en avance pour mon âge. Selon mes parents, à 2 ans, j'avais déjà un langage très développé. Pour autant, cela n'empêchait pas ma mère de subir, dans la rue, des remarques blessantes, telles que : « Votre enfant a un problème de marche, vous devriez consulter ! » Ce genre de réflexions la torturait.

À la maternelle, mes troubles de la coordination et du tonus apparurent de manière plus évidente. Mon isolement aussi. Il faut dire que j'avais des difficultés avec certains jeux, comme la marelle : je réalisais toujours le même chemin que j'avais mémorisé sans comprendre que le jeu était changeant et que le parcours n'était pas censé être toujours le même. Bref, ma vie d'enfant était très compliquée. Même avec trois roues, j'étais incapable de faire du vélo : je pédalais à l'envers. À la cantine j'étais maladroit, je m'en « mettais partout ». Inutile de préciser que cela m'éloignait des autres enfants. À la récréation, je restais donc seul, assis sous un arbre, en permanence ; certains instits en parlaient souvent à mes parents. Sans réel ami à l'horizon, je me renfermais dans mon monde de science-fiction peuplé de dinosaures, de tout un tas de figurines que je faisais dialoguer. De solitaire, je finis par devenir exclu.

Du côté des enseignants il y avait également beaucoup d'incompréhension et d'interrogation. Comme je ne parvenais ni à dessiner ni à faire des puzzles, l'institutrice convoqua un jour mes parents pour les informer qu'elle suspectait chez moi un cumul de problèmes. Il est vrai que les puzzles me posaient beaucoup de soucis : je visualisais bien les choses mais j'éprouvais de grandes difficultés à me représenter les éléments dans l'espace. Je prenais ainsi la bonne pièce mais j'étais incapable de la placer au bon endroit. Cela a eu de nombreuses répercussions. D'abord sur le dessin et le coloriage ; je coloriais toujours à l'extérieur. Sur l'écriture aussi. Je savais écrire mon prénom, mais de manière illisible, la forme des lettres était souvent mal faite. J'ai par la suite compensé en écrivant les lettres en détaché et en faisant des majuscules.

C'est au cours de ces premières années d'école que commença la valse des diagnostics et des batteries d'examens. Il y eut ce spécialiste des troubles du tonus et ce psychiatre qui se montrèrent plutôt rassurants, disant à mes parents que c'était juste une question de temps, que mon retard se résorberait de lui-même. Et puis il y eut cette psychologue scolaire persuadée que j'étais myopathe du fait de mon manque de tonus, ce neurologue qui pensait que j'avais une malformation du cervelet, ce psychologue qui parla carrément de psychose infantile. Celui-là, ma mère le remit vertement en place et ce jour-là, au moins, grâce à ce « charlot », j'ai eu droit à mon McDo !

Et puis maman fut interpellée par cette autre psychologue, surprise par la précocité de mes capacités verbales, mon vocabulaire très développé. Cette caractéristique la mit – à tort – sur la piste de la précocité intellectuelle. Mes difficultés d'assimilation des différents apprentissages étaient selon elle dues au fait que tout cela était tellement évident pour moi que je n'y portais tout simplement aucun intérêt. Malgré mes dessins assez pauvres, surtout au niveau des schémas corporels, et malgré mes difficultés dans la construction logique, cette psychologue, qui me suivit durant toutes mes années de maternelle, pensait que j'étais précoce. Il est vrai que j'ai appris la lecture beaucoup plus tôt que les autres enfants. Mais cela n'expliquait pourtant pas mes difficultés émotionnelles ni mes troubles relationnels. D'informations en messages contradictoires, nous étions un peu perdus dans la famille. Mais, scrupuleusement, ma grand-mère m'envoyait toutes les semaines voir cette psychologue.

Finalement je parviens à passer en CP malgré les doutes de l'établissement, mes parents ayant refusé le redoublement en grande section. Nous sommes en septembre 1991 et c'est ma première rentrée chez les grands. Après une brève présentation de l'école et des instituteurs, mes parents s'en vont et je me retrouve seul. Je me souviens tout particulièrement de mon entrée en CP car elle m'a provoqué beaucoup d'angoisses et empêché de dormir.

Dans la classe, il y avait un dessous-de-table avec les chiffres allant de 1 à 10. Et comme j'avais déjà eu des difficultés en dessin et en coloriage en maternelle, j'étais persuadé que je ne parviendrais ni à les comprendre ni à les écrire. Or, lorsque je rencontrais un problème, il y avait toujours une disproportion entre le problème et la panique engendrée. J'ai alors piqué une crise de pleurs ; je ne pouvais pas, c'était trop, trop de nouveautés, trop de potentielles mises en échec… Dans ce genre de situations nouvelles, j'avais besoin d'une réponse immédiate d'un adulte pour m'apaiser. Mes parents étant partis, je me suis donc senti abandonné, comme laissé seul face à ma propre angoisse.

Cette entrée en primaire fut très rude. Ce fut une période durant laquelle l'incompréhension et les malentendus atteignirent leur paroxysme tant côté enseignants que côté thérapeutes. D'une part j'avais déjà compris que j'allais devoir pallier un certain nombre de difficultés, d'autre part j'ai dû me confronter à des jeux de plus en plus élaborés comme le basket, le baby-foot, le foot.

Tous les jeux d'adresse et sports collectifs étaient en effet pour moi une humiliation…

3

L'école des obstacles

C'est un cauchemar pour une personne atteinte de troubles DYS de devoir changer ses habitudes et ses repères. Et j'avais bien raison de m'inquiéter car en entrant en CP j'ai rencontré d'un seul coup mes deux pires ennemis durant ma scolarité : l'écriture et le foot à la récré.

J'ai eu beaucoup de mal avec l'écriture. Je ne parle pas de la conception mais bel et bien du *geste* d'écrire.

Ma première difficulté était de me repérer par rapport aux lignes du cahier. Ce problème était déjà apparu avec les puzzles : je visualisais bien les pièces mais ne pouvais me les représenter dans l'espace. J'avais du mal à synchroniser mon regard avec le geste. Il était donc pour moi concrètement impossible d'écrire dans mon cahier tout en écoutant la maîtresse. Pour l'élève dyspraxique la difficulté est en effet de coordonner les actions : soit j'écris mais je ne peux pas écouter l'institutrice, soit j'écoute l'institutrice mais alors je ne peux plus écrire. Et donc forcément, malgré tous mes efforts, on me reprochait de ne pas écouter. J'avais beau essayer, j'avais beaucoup de mal à me concentrer et je ne comprenais pas les consignes alors, au bout d'un moment, la fatigue me faisait partir dans tous les sens et m'éparpiller complètement. Je repense à une professeur d'anglais qui était persuadée que je m'obstinais à ne pas bien écrire et à ne pas bien comprendre parce qu'elle pensait que je voulais que l'on s'occupe de moi! Il y en a eu des clashs entre mes parents et certains enseignants!

De manière générale les instituteurs me trouvaient donc désordonné. Je n'arrivais jamais à être à ce que je faisais, toujours à penser à autre chose, à me projeter. En dehors de ceux qui restaient bienveillants et attentifs, certains étaient persuadés que je faisais exprès de ne pas écouter. De plus, j'ai été très vite catalogué de «patachon», parce que j'écrivais en général plus souvent sur mes mains que sur la feuille. Ce qui me valut de nouveau de passer par la case psychologue.

Il suffirait de former les enseignants afin qu'ils sachent que l'enfant dyspraxique ne manque pas de volonté mais qu'il a beaucoup plus d'obstacles que les autres à surmonter. Avant de punir ou de déchirer un cahier devant toute la classe pour mauvaise écriture (ce qui est d'une rare violence quand l'enfant a passé toute sa soirée dessus), l'enseignant doit savoir que l'élève dyspraxique ne maîtrisera jamais totalement l'écriture. Pour autant cela n'enlève rien à ses compétences ni aux capacités dont il peut faire preuve. Ce n'est pas parce qu'il leur manque certaines fonctions cognitives ou que celles-ci sont déficitaires que les élèves dyspraxiques sont paresseux ou fous. Ils ont des compétences, ils en ont même de merveilleuses, il suffit de les mettre en valeur.

Cela devrait être possible. On ne peut plus imaginer condamner un enfant à l'échec de nos jours simplement parce qu'il présente un trouble cognitif. Et il serait tellement plus simple de permettre aux élèves dyspraxiques de travailler avec un ordinateur. On a continué à me dire que mon écriture était illisible bien après le baccalauréat. Et on me le dira toujours : c'est un fait. Et alors ?

Avec un enfant dyspraxique, il est nécessaire de répéter plusieurs fois les consignes. Je me rappelle que dès qu'une nouvelle information arrivait, j'étais complètement paniqué car je devais faire un effort plus important que les autres enfants pour intégrer la nouvelle information. J'ai notamment le souvenir de grandes angoisses lorsque l'on nous emmenait à la ferme pédagogique car je me perdais tout le temps.

Il est important de rencontrer les enseignants tout au long du parcours de l'élève atteint de troubles DYS ; cela contribuerait grandement à éviter les malentendus. Si je m'étais senti, ne serait-ce qu'un petit peu, compris et soutenu, mes réactions auraient sans doute pu être plus modérées. Mais encore faudrait-il que les enseignants soient informés, d'où l'importance de mieux sensibiliser sur ce type de handicap pour que le suivi soit engagé dès l'enfance. Car le problème de l'enfant dyspraxique non diagnostiqué est que sa lenteur pathologique est prise – à tort – pour de la paresse puisque, quand il a assimilé tout le cheminement cérébral d'un geste, il peut le faire aussi bien que les autres.

C'est pour cette raison qu'il est vraiment souhaitable d'établir un diagnostic le plus tôt possible car l'enfant se retrouve très vite confronté à l'incompréhension de son environnement scolaire. Or l'isolement dans lequel les réactions des autres vont le pousser finira par créer une souffrance psychologique engendrée par les autres bien plus que par les troubles DYS eux-mêmes.

La complexité est d'autant plus grande que l'angoisse peut s'installer au sujet du moindre détail. J'ai souvent eu tendance à me préoccuper bien plus des détails que de la globalité. Je pouvais, par exemple, me montrer très angoissé pour une simple rayure sur une trottinette. Et j'avais toujours besoin d'être rassuré : je posais plusieurs fois la même question, comme dans un besoin permanent de stabilité. Même quand je savais quelque chose. Par exemple, pendant un an, je savais lire l'heure mais je la demandais en permanence à mon père, histoire d'être sûr… D'autant que ma logique si particulière m'isolait. Je pouvais dire « Il est 18 h 75 » au lieu de 45 ce qui, dans le fond, est logiquement acceptable, mais engendre la perplexité chez les autres.

Au cours de ma scolarité, les matières théoriques et intellectuelles ne m'ont en général pas posé de problèmes, en dehors des mathématiques. J'avais beaucoup de difficultés pour poser divisions et multiplications. Mais j'ai appris mieux et plus vite que les autres élèves la lecture. Pour une fois, à travers une matière, je me sentais valorisé. La seule activité qui m'apaisait était ainsi les histoires que l'on écoutait en groupe de lecture. Car je comprenais, je pouvais interagir verbalement, sans le moindre geste pour paralyser ma pensée. Parce que c'était bien là le problème : ma gestuelle paralysait ma pensée, car elle n'était pas naturelle, je devais y réfléchir et donc je ne pouvais pas faire autre chose en même temps. Contrairement à ceux qui se débrouillaient bien au niveau pratique, je comprenais très bien les histoires, au premier et au deuxième degré. J'étais ainsi choqué d'entendre mes camarades rire lorsqu'un clown tombait alors que moi je me désolais de son malheur.

Une enseignante avait ainsi dit un jour que j'avais une grande intelligence émotionnelle. Par exemple, j'avais eu une altercation avec un élève qui écrasait des fourmis sans se rendre compte de ce qu'il faisait. Conscient que les fourmis sont des êtres vivants et choqué par cette cruauté gratuite, je me suis jeté sur lui.

Après cet épisode un autre gamin décida de prendre mon parti et de m'aider : je l'appellerai Stéphane. Il fut mon premier copain. Au début je ne comprenais pas : « Il n'est pas normal celui-là, au lieu de m'enfoncer comme tout le monde il m'aide… » Ensuite, c'est un peu devenu mon garde du corps lors des séances de sport, puis mon ami tout court… Week-ends dans les familles réciproques, goûters, jeux vidéo, etc. Il a joué pour moi un vrai rôle de grand frère protecteur.

Tout ce qui impliquait l'utilisation d'un objet était difficile pour moi : le stylo pour écrire, mais aussi tenir une règle pour tracer un trait, se servir d'une équerre, d'un compas. À la maison, c'étaient les lacets. L'enfant atteint d'une dyspraxie sait parfaitement ce qu'il doit faire dans ses gestes quotidiens. Simplement il lui manque un élément de « mise en route » de tel ou tel apprentissage, comme s'il devait ré-exécuter, geste après geste, l'action depuis le début, comme si c'était de nouveau la première fois qu'il la réalisait.

Ma mère m'a bien expliqué comment faire mes lacets. La première fois j'y suis arrivé difficilement, avec maladresse. La deuxième fois, j'ai repris toute l'explication et j'ai dû beaucoup réfléchir, j'étais encore très maladroit. La troisième fois, j'ai tout récapitulé et j'étais encore très maladroit. Puis il y a eu une quatrième fois et petit à petit, ça a fini par rentrer. En théorie, j'ai parfaitement compris comment faire mes lacets mais il se passait toujours quelque chose dans le déroulé du geste qui ne voulait pas s'imprimer dans mon cerveau et qui me rendait maladroit. Pour un dyspraxique, c'est toujours un peu la deuxième fois et il faut du temps pour intégrer le bon geste, mais une fois acquis, c'est définitif.

Mais c'étaient surtout le rythme et l'organisation qui étaient pour moi compliqués. Je comprenais tout mais je n'arrivais pas à hiérarchiser les informations alors je pensais à tout à la fois. En plus, à chaque nouvelle information, c'est comme si la « boîte à nouveauté » ne voulait pas démarrer alors que mon cerveau marchait très bien et comprenait les informations. Le soir lorsque je faisais mes devoirs je sautais du coq à l'âne ; je passais sans cesse d'une matière à l'autre, pensant à tout en même temps. Je commençais par les maths, puis je passais à l'histoire, je m'égarais et je finissais par mélanger tous mes cours. Alors j'ai commencé à travailler avec ma famille.

Pour ma mère, il était hors de question que je sois mis à l'écart du système scolaire. Elle recherchait en permanence un fil conducteur pour canaliser mon attention. C'était dur mais ça marchait. J'arrivais à remettre dans l'ordre les petites histoires, ces ensembles de petites séquences imagées, avec des cases me permettant de matérialiser le point A (d'où l'on part) et le point B (où l'on arrive) afin de m'aider à comprendre les enchaînements des différentes actions, et je m'améliorais lentement mais sûrement en dessin.

Tous les week-ends ma mère me faisait effectuer des pages d'écriture, avec mon grand-père aussi, faisant fi des remarques quotidiennes (suggestion de redoublement...) de certains instituteurs qui ne pensaient pas forcément à mal. De la part de ces instituteurs, ce n'était pas de la malveillance mais de l'inquiétude. Je me mettais tellement de pression qu'un jour le fait de ramener à ma mère un 3 sur 10 m'a conduit presque à m'évanouir d'émotion. Papa m'apprit lui à rester concentré sur une seule matière.

Cette aide quotidienne prenait énormément de temps et d'énergie à tout le monde, et cela bousculait et malmenait l'équilibre familial.

4

Ma famille, mon cadre

À la maison je me souviens de bons moments avec mon frère et ma sœur, des courses de trottinette et des séances de cinéma, mais je restais souvent seul dans ma chambre à jouer avec mes figurines. À ce moment-là, il était devenu clair pour ma famille qu'il fallait abandonner pendant un temps l'idée de trouver un diagnostic à mes troubles de l'attention, et ce malgré les difficultés affectives qui persistaient.

À l'époque la dyspraxie était très peu connue. À la fois sur le plan de l'enseignement mais aussi sur le plan médical. Ma mère a donc dû persuader les instituteurs que, non, je ne faisais pas exprès d'écrire mal, et que ce n'était pas parce que je n'y mettais aucune volonté que je n'y arrivais pas, bien au contraire.

Même chose dans les clubs de sport, où j'étais souvent victime de railleries de la part des autres enfants. Par exemple, en natation, je mettais souvent mon bonnet, voire mon maillot, à l'envers, et j'étais donc considéré comme un boulet par certains enfants et adultes du club. Quand cela se produisait, ma mère n'hésitait pas non plus à intervenir. Bref, il fallait qu'elle soit présente sur tous les fronts.

Le problème était que je compensais bien, et que ma famille et moi n'avons donc jamais eu le droit à ce que l'on appelle un projet personnalisé de scolarisation (PPP) durant toute ma scolarité. Nous y avons laissé des plumes. J'espère sincèrement que certains professionnels comprendront enfin que les troubles DYS sont réels et concrets ; ce ne sont pas des « petits » handicaps. Leur origine est neurologique et non psychanalytique. Mal pris en charge, ils peuvent réellement détruire des vies. Ma mère et moi, nous sommes fatigués de ce combat et avons failli plusieurs fois ne plus jamais nous adresser la parole en raison des conséquences de mon handicap.

Je me souviens tout particulièrement d'une enseignante remplaçante, persuadée que tout ce que je faisais, c'était pour attirer l'attention. Un jour qu'elle devait s'absenter quelques instants, elle dit à l'ensemble de la classe : « Bon, puisque Julien ne fait pas d'effort, si je reviens et que c'est le bazar, ce sera lui qui sera puni ! » Lorsque je le racontai à ma mère quand elle vint me chercher, je me rappelle qu'elle a déboulé à l'école pour demander des explications et des excuses immédiates. Entre ce genre de péripéties et les gamins qui m'envoyaient des ballons dans la figure ou me frappaient gratuitement à la récré, elle en faisait des visites à l'école après sa journée de travail déjà bien prenant.

Je tiens à préciser que j'ai aussi rencontré de nombreuses personnes humaines et ouvertes qui m'ont énormément soutenu dans le corps enseignant. J'ai le souvenir d'un instit de CM1/CM2, d'un prof de judo, d'un prof de troisième qui a veillé sur moi lors d'un voyage en Angleterre…

À la maison, en dehors de rabâcher les lettres pour qu'elles rentrent, il était également difficile pour moi de ranger ma chambre, de préparer mon sac pour aller à l'école : je ne parvenais pas à faire le lien entre les objets et leur fonction. Il m'a donc fallu apprendre toutes les fonctions des objets, non naturelles pour moi, pour pouvoir m'organiser. Je ne savais pas ce que je devais prendre suivant le jour de la semaine, du coup on faisait un planning adapté à chaque journée.

Ma mère était obligée d'anticiper en permanence mes oublis et les difficultés que je pouvais rencontrer… Je pense que le souci principal pour la vie quotidienne de nombreux DYS est ici : la flexibilité. D'où l'importance de faire en sorte que l'enfant DYS devienne un adulte courageux, rigoureux et volontaire… philosophe aussi… Ma mère a eu l'idée, pour me responsabiliser et me sécuriser, de prendre un animal de compagnie, Samy, notre chien labrador qui a partagé notre vie durant seize ans et qui a réussi… à m'adopter !

Dans ma trousse, il manquait toujours quelque chose. Du coup, j'avais droit à une inspection et à une répétition quoti-diennes de certains gestes comme tailler les crayons, etc. J'ai alors, par corrélation, pris du retard dans mes relations avec ma sœur et mon frère. Mes préoccupations perpétuelles ne m'ont pas permis de nourrir avec eux une relation de compli-cité comme je l'aurais voulu. Néanmoins, je me sens proche d'eux et les sens protecteurs. Sans eux, je n'aurais jamais réussi à franchir tous les obstacles qui m'ont permis de devenir celui que je suis aujourd'hui. Comme le reste, malgré le décalage des années, je suis persuadé que les choses se feront. Récem-ment, mon frère s'est mis au triathlon, et je me suis dit que quelque part, sur ce plan, j'ai peut-être à ma manière créé une vocation chez mon cadet.

Je tiens vraiment à souligner l'importance de cet accompagnement familial dont j'ai bénéficié très tôt dans ma scolarité. C'est plus qu'une chance pour un enfant atteint de troubles DYS de grandir avec l'encadrement des parents et des grands-parents. Dans mon cas cette présence, tant sur le plan scolaire que social, a constitué le terreau des capacités de résistance et de résilience que j'ai pu développer par la suite.

Ma grande chance fut d'avoir le meilleur éducateur qui soit dans mon entourage : mon grand-père. Son entrée en scène changea tout dans mon existence. Ancien directeur d'école primaire retraité, c'était un passionné d'éducation, d'histoire et de musique classique, et il avait une grande culture générale.

Il était de prime abord sévère : droit, toujours impeccablement habillé en costume et cravate, mais il était profondément juste et humain. Ancien enseignant, il avait tout de suite remarqué certaines anomalies me concernant. Surtout, il avait compris qu'il fallait à tout prix lutter contre l'idée que cela était définitif, qu'il allait falloir composer avec cette réalité et que pour s'en sortir il faudrait s'adapter sur du long terme et non pas rejeter la situation. Mais il avait aussi décelé qu'en dépit de ma lenteur, de mes troubles de l'attention et de l'écriture, je bénéficiais de belles capacités verbales et empathiques, et il eut à cœur de mettre en valeur mon imagination et ma curiosité, et décida de m'accompagner au quotidien dans mes différentes activités. Il avait compris que, bien que très jeune, j'avais déjà été traumatisé par les conséquences psychologiques dues à mes difficultés dyspraxiques.

Mon grand-père était un être remarquable qui, jusqu'à sa disparition, s'est engagé à me protéger en m'accompagnant dans tous les aspects de la vie quotidienne. Il faut dire que l'angoisse accumulée a engendré beaucoup de souffrances au sein de ma famille, ce qui a compliqué mes relations avec mes parents et mon frère et ma sœur, et entraîné de nombreux conflits, notamment avec ma mère.

Je lui en voulais parce qu'elle me faisait répéter beaucoup de gestes de la vie quotidienne : me brosser les dents, m'habiller, me servir des couverts, etc. Comme rien n'était naturel, il fallait répéter et répéter jusqu'à ce que ça rentre. Tout a toujours été difficile pour moi dans les apprentissages.

Néanmoins, à force de répéter, j'ai acquis ces gestes. Mais cela a été tellement long à mettre en place que j'ai alors appris à être avare de mes gestes, à exécuter avant tous ceux qui me paraissaient les plus importants. Par exemple, apprendre à cuisiner n'était pas primordial… vive le micro-ondes ! Au lieu de tout mal maîtriser, je maîtrisais bien l'essentiel. J'ai quitté très tard le tricycle, je pédalais à l'envers, et je n'avais pas de conscience du danger. J'oubliais toujours de mettre le casque, je ne regardais ni à gauche ni à droite, ce qui, bien entendu, faisait peur à l'ensemble de la famille. Mais comme tout, on n'a jamais rien lâché, j'ai continué et j'ai continué, jusqu'à ce que je réussisse.

Plus tard, plier mes vêtements, faire la vaisselle, organiser ma semaine, etc., tout cela a été très longtemps un vrai casse-tête et, comme le souci était que je n'automatisais pas, chaque geste, même acquis, restait fatigant et, lorsque je revenais des cours, totalement épuisé, il m'arrivait de faire tomber des objets, de casser des verres… Toutes mes actions gestuelles étaient alors incomplètes. Par exemple, mon lit était à moitié fait, je ne pliais pas tous mes vêtements, etc.

J'ai partagé énormément de moments avec mon grand-père, puisqu'il habitait un peu plus haut que chez mes parents dans le quartier, et malgré ses nombreux séjours en Corse, sa région natale, pendant les étés. J'ai d'ailleurs de nombreux souvenirs de lui parlant couramment le corse au téléphone. J'allais quasiment tous les mercredis après-midi chez lui et ma grand-mère pour travailler l'apprentissage des couverts et la socialisation ; ils m'emmenaient souvent au restaurant, pendant des sorties… À noter qu'en même temps que ma mère, mon grand-père et ma grand-mère ont eux aussi énormément travaillé l'apprentissage de l'écriture et de la géométrie avec moi. Je pense que j'ai eu énormément de chance d'avoir deux instituteurs pour moi tout seul… Mon projet personnalisé de scolarisation, finalement, je l'ai quand même eu !

Même si j'en parlais longuement avec lui, il essayait de me faire découvrir d'autres choses que les dinosaures et *Star Wars*, films sur lesquels j'avais une réelle fixation : je connaissais le nombre de minutes des films, le nom de tous les acteurs, figurants compris, etc. Il était vraiment très attentif, et avait par exemple remarqué que je réagissais mal à certains sons, comme la sirène des pompiers. Alors lorsqu'il m'accompagnait chez le psychiatre, il essayait de m'expliquer, de me sensibiliser à l'environnement extérieur. J'adorais ces trajets en voiture qui ressemblaient à des visites guidées, de la caserne de pompiers aux haras d'Hennebont, etc. J'ai de très bons souvenirs de ces trajets en tête à tête avec lui.

Pendant les vacances scolaires, lorsque mes parents travaillaient, mes grands-parents nous gardaient, mon frère, ma sœur et moi. Je sentais chez eux beaucoup d'amour et de protection. Je me rappelle les étés en Corse, lorsque j'allais au marché d'Ajaccio avec mon grand-père. Je me sentais privilégié par rapport aux autres petits enfants de l'avoir. J'allais aussi avec ma grand-mère nager les après-midi. Mes grands-parents passaient régulièrement des vacances à Quiberon. C'est d'ailleurs là-bas, dans une toute petite piscine d'un club de vacances, que j'ai appris à nager.

Mon grand-père se rendait compte que j'avais des angoisses, des difficultés à faire mes lacets, à me servir des couverts, à éplucher des fruits, etc. Il m'aidait donc à faire tous ces gestes. Tous les mercredis, j'apprenais à éplucher des pommes avec lui, et je dois avouer que je ne peux m'empêcher de penser à lui, aujourd'hui, chaque fois que j'épluche une poire pour le goûter d'un enfant autiste que j'accompagne à domicile. C'est un exemple concret que même les gestes les plus anodins, qu'on a travaillés ensemble, ont finalement servi à quelque chose.

Sous ses aspects sévères, il était également très sensible. Je me souviens d'une soirée en Corse, dans l'appartement d'Ajaccio. J'étais en crise parce que je ne maîtrisais pas le changement d'environnement avec la Bretagne. Il a tout fait pour me rassurer, et je pense que c'est ce jour-là qu'il a compris que j'étais en situation de handicap. Je me souviens qu'il a pleuré avec moi sur le bord du lit. Cela m'avait surpris de voir ce grand-père qui me paraissait si fort s'effondrer ainsi devant moi.

Ce grand-père regardait énormément le sport à la télévision. Le foot, je ne le regardais pas souvent avec lui… Mais le cyclisme, oui.

Plus tard, c'est quand il a commencé à avoir la maladie d'Alzheimer que j'ai voulu devenir ergothérapeute, après avoir effectué quelques saisons dans les unités Alzheimer comme agent de service hospitalier ; ce n'était pas à cause de la dyspraxie et des troubles des fonctions exécutives. À l'époque je compensais tellement à cause de – ou grâce à – ce qui avait été mis en place par la famille que personne ne s'en doutait. Je suis finalement fier qu'il ait pu, avant que la maladie ne s'installe trop, assister à l'un de mes premiers triathlons, à Lorient. Comme pour lui montrer qu'en participant à cette épreuve, avec toutes les difficultés d'organisation et de coordination que cela me posait et qu'il connaissait aussi bien que moi, on avait quand même fait un sacré bout de chemin ensemble.

Ce jour-là, devant mon père, ma mère, ma grand-mère et mon grand-père, j'étais fier, très fier.

La vie continua donc comme elle pouvait dans ce monde qui me semblait souvent bien hostile. Mais j'étais loin d'avoir fini de découvrir jusqu'où peut aller l'intolérance face au handicap, aussi discret soit-il.

5

Harcèlement

J'ai toujours eu du mal à comprendre certains codes sociaux dans mes interactions avec les autres. Adulte, j'ai encore du mal à interpréter certains comportements. Il me faut un temps d'adaptation pour décoder les messages suggérés, par exemple si une fille s'intéresse à moi. En revanche, je suis extrêmement sensible au mal-être des autres et je ressens immédiatement la qualité de cœur des personnes que je rencontre.

J'ai été brisé, dès l'école primaire, par le harcèlement scolaire, les échecs et les coups à la récré. Et comme cela s'est déroulé en continu durant toute ma scolarité et l'âge adulte, il est possible que tout cela m'ait rendu plus froid, plus méfiant. Une fois encore, il est primordial d'informer les enseignants ainsi que les autres élèves des difficultés des enfants atteints de troubles DYS. Cela permettra de trouver des activités stimulantes et valorisantes qui aideront à la construction de la personnalité de l'enfant. Cela contribuera à le protéger du harcèlement scolaire qui est malheureusement la réalité quotidienne de l'enfant atteint de troubles DYS.

Je continuais à marcher avec la pointe des pieds vers l'intérieur et à tomber souvent quand je courais, alors je n'avais toujours pas d'amis dans la cour de récré. Et comme je ne pouvais pas jouer avec les autres enfants ni participer aux jeux collectifs, je perdais petit à petit ma confiance en moi, déjà peu développée. Et au-delà des difficultés de coordination, j'étais confronté aussi à de grandes difficultés sociales car je n'arrivais pas à gérer mes émotions. J'avais peur de mal faire, peur de l'autre, des gens détenteurs d'une autorité. J'avais l'appréhension d'aller à l'école, une boule au ventre. Un rire dans la classe et je me retournais, persuadé qu'on se moquait de moi parce que j'avais le regard perdu dans le vide. J'avais une peur panique incontrôlée, immédiate et disproportionnée devant tout élément nouveau. Je n'avais pas de copain, j'étais mal dans ma peau, j'étais confronté à des peurs multiples, et je dois l'avouer, je manifestais de l'agressivité à la maison, où toute cette angoisse contenue ressortait par des cris et des pleurs.

Surnoms ridicules, injures, bousculades, humiliations, etc., j'ai recueilli de nombreux témoignages, en plus de mon vécu personnel, concernant le harcèlement scolaire des enfants DYS. Adulte, je porte encore très douloureusement les blessures consécutives à ce harcèlement qui a duré des années. Malgré une famille aimante et un entourage bienveillant, j'en ai gardé des traces indélébiles au fond de ma mémoire traumatisée. Il suffirait, avec le concours des enseignants, d'impliquer les autres enfants dans l'aide en transformant leur violence et leurs moqueries en actes d'accompagnement et en gestes amicaux, ce qui changerait tout.

Je sais que c'est en multipliant les expériences que j'ai trouvé des voies d'épanouissement et des solutions. Je suis persuadé que c'est en permettant à ces jeunes de s'impliquer dans une dynamique de partage, au-delà de la différence et dans des actions d'expression de soi, que l'on pourrait parvenir à une sereine intégration. Et au-delà de l'intégration, il y a aussi l'acceptation : intégrer pour intégrer, c'est bien, mais l'essentiel devrait quand même reposer sur la volonté d'agir, de faire tout ce qui est possible pour que les personnes DYS ou les autistes, ou les personnes souffrant de tout autre handicap invisible puissent éprouver du bonheur dans leur vie comme chacun, dans nos sociétés, est en droit de pouvoir l'espérer.

Ce serait tellement plus simple de permettre à ces personnes d'être heureuses en restant elles-mêmes. Elles se forcent à entrer dans le moule qui leur permet de bénéficier d'une relative intégration, sans certitude d'acceptation : cela les épuise, les oblige à renier leur nature originelle. Elles font tout ce qu'elles peuvent désespérément pour ressembler au modèle général alors que leur différence devrait être leur richesse.

Il existe effectivement des autistes et des dyspraxiques surdoués, comme il existe des autistes et des dyspraxiques déficients intellectuels. Je ne crois pas que ces derniers méritent moins de considération que les autres. Dans le fond, c'est merveilleux d'être doué d'intelligence, mais sans noble but humaniste, l'intelligence n'est qu'un outil, elle ne doit en aucun cas déterminer la valeur d'un être humain. Accordons alors autant de respect et d'importance aux personnes DYS ou autistes déficients intellectuels qu'aux « brillants » !

Je paie encore aujourd'hui le prix du harcèlement scolaire engendré par les malentendus perpétuels de l'incompréhension quotidienne à laquelle j'étais confronté. J'étais très mal à l'aise avec les autres camarades, persuadé de ne pas avoir ma place, d'être un moins-que-rien. À chaque fois que j'arrivais à l'école, j'avais envie de repartir. Je me souviens même d'avoir fugué, lors d'une sieste collective, et d'avoir presque failli me perdre pour arriver chez mes grands-parents maternels qui habitaient alors en face de l'école. Je me souviens que j'étais très seul pendant les récréations. Je peux vous dire que je le ressens encore aujourd'hui douloureusement. En fait je ne pouvais pas m'intégrer à travers les jeux de socialisation comme le football par exemple. Cette situation était incomprise par les enseignants et très anxiogène pour mes parents.

Le foot… Sur le papier, lorsque je lisais les consignes, je comprenais le principe, mais lorsque j'étais sur le terrain, c'était un méli-mélo incompréhensible, comme si mon corps était au ralenti. Il m'était pour ainsi dire impossible de réagir sur l'instant pour identifier le joueur en face de moi comme adversaire ou équipier. C'était comme si tout bougeait trop vite pour moi. Tout cela rendait l'environnement hostile pour moi et j'y ressentais une angoisse pesante et permanente. Et pour clore le tout, en fin de match, j'avais souvent droit à: «T'es un vrai blaireau, toi, en fait.»

Je reviens sur le foot régulièrement parce que c'est souvent l'un des meilleurs outils d'adaptation et de socialisation. Mais pour une personne comme moi, atteinte de troubles dyspraxiques et des fonctions exécutives, les gestes techniques du foot sont extrêmement difficiles. J'avais le temps de prendre le ballon en pleine figure avant de pouvoir réaliser qu'il venait sur moi et de mettre en action les gestes d'évitement. Je vous laisse imaginer la réaction des autres enfants. Comment oublier celui qui vint un jour vers moi dans la cour de récré pour me demander : «Pourquoi tu marches comme un clampin ?» et me coller contre le grillage en me frappant de toutes ses forces dans les parties génitales ? Je me rappelle très précisément qu'à cet instant je voyais mes parents affolés de l'autre côté du grillage se précipitant pour intervenir.

Ce genre d'événements se reproduisit de nombreuses fois jusqu'à ce que mes parents le remarquent et interviennent auprès de l'institutrice. Ces épisodes me marquèrent profondément et le fait que mes troubles me rendaient timide et malhabile s'ajoutait à ma détresse quand on se moquait de moi lors des matchs.

Dans la cour, pendant les matchs, je n'ai pas tardé à recevoir de gentils surnoms : «pieds tordus», «C-3PO le droïde». Cela ne peut pas être un souvenir anodin pour un enfant déjà blessé psychologiquement d'entendre un chef de bande demander à ses camarades de «jarreter le droïde» alors que je faisais des efforts démesurés pour essayer de m'intégrer au groupe. Mais cela constituait pour moi trop de nouveaux gestes ; je mettais trop de temps à savoir si la personne devant moi était dans mon équipe ou dans l'équipe adverse, je shootais aussi de travers et j'avais beaucoup de mal à anticiper *qui* allait me passer le ballon. Sans parler des moments où je restais immobile alors qu'un ballon me fonçait dessus.

Je me retrouvai pourtant dans un club de foot. Je me suis mis à haïr mes parents pour m'avoir envoyé dans ce qui s'apparentait de plus en plus à un enfer. En vérité, c'était pourtant mon choix de m'inscrire, parce que je voulais être à la hauteur dans la cour de récréation. Inutile de préciser que ce fut un fiasco.

Aujourd'hui, je ne veux plus toucher un ballon de foot de ma vie. Ce sport est marqué par de tels mauvais souvenirs qu'il restera à jamais synonyme de souffrances et d'humiliations : il ne trouvera en aucune façon grâce à mes yeux.

Je connus pourtant une victoire. Un jour, un entraîneur me plaça devant le gardien de but et me demanda de marquer.

J'ai essayé vingt fois. Les autres joueurs, leurs parents ainsi que quelques abrutis autour du terrain étaient là, tous à se moquer de moi. La vingtième fois j'ai marqué. Et là, bizarrement, je fus heureux. Malgré les rires, malgré les moqueries, je fus heureux : j'avais compris que dans le sport comme dans la vie, malgré toutes les difficultés, j'étais capable de marquer !

6

Un exutoire : la natation

Pierre de Coubertin disait : «Le sport va chercher la peur pour la dominer, la fatigue pour en triompher, la difficulté, pour la vaincre.» Moi je dis que dans la vie comme dans le sport, il faut savoir se jeter à l'eau. Sans mon grand-père je n'aurais peut-être pas commencé une activité qui a profondément transformé ma vie : la natation.

Au démarrage, cette activité n'était qu'une expérience parmi d'autres. Il ne semblait n'y avoir aucune raison particulière pour que ce sport prenne plus d'importance que les autres.

D'autant plus qu'il faut savoir qu'au début, la piscine fut une torture : me changer, ne pas oublier mes affaires, me déshabiller, me rhabiller, faire mes lacets… Sans oublier qu'en raison de mes difficultés de coordination j'ai d'abord réalisé les mouvements de natation à l'envers, je partais dans tous les sens.

Tous les samedis, mon grand-père et moi allions à la piscine tous les deux. Bien sûr j'avais un peu de mal à préparer mes affaires dans le vestiaire et à m'y retrouver avec mon sac. Mais mon grand-père était là, qui m'aidait séance après séance à organiser mes affaires, du tee-shirt aux lacets. Très vite je me familiarisai avec cet environnement et la piscine devint un lieu d'éducation privilégié où j'apprenais à m'habiller, à m'organiser et même à m'affirmer !

Mon grand-père me regardait nager à travers le hublot prévu pour que les parents puissent voir leurs enfants. Son regard attentif me motivait, alors je m'appliquais, je faisais de mon mieux pour qu'il soit fier de moi. Pour une fois je me retrouvais dans un environnement où je me sentais à l'aise : devoir toujours répéter les mêmes gestes me rassurait. En outre cela me permettait de me défouler, d'évacuer mes peurs, mes frustrations et mes colères. Je me battais contre l'eau comme je me battais contre la vie.

Ce fut le premier environnement où je fus respecté ; même si je ne maîtrisais pas parfaitement les techniques de natation, j'avançais bien et vite. Je pus enfin avoir des échanges avec d'autres enfants sans avoir peur d'être jugé. Pourtant cela aurait pu aussi mal tourner que bien d'autres expériences car un jour, un éducateur, me voyant faire une longueur, décida que je nageais mal et que je ne progresserais pas dans ce domaine-là non plus. Mais là, j'ai refusé que ce soit un nouvel échec, cette fois, c'était hors de question. J'ai dit au maître-nageur que je voulais refaire la longueur : je fis parfois des mouvements à l'envers mais je m'acharnai et finis par y arriver.

Malgré mes difficultés, je sentais que c'était différent ; je sentais qu'il y avait quelque chose pour moi dans la natation. Ce fut la première fois que j'éprouvai du bien-être et un début de confiance en moi. C'était la première fois que je sentais mon corps heureux et libre. C'était la première fois que je pouvais me défouler. Face à ce constat, mes parents m'ont inscrit à l'école de natation. Mon grand-père m'accompagnait en semaine après l'école, il m'aidait à me préparer et à m'organiser. J'avais compris que ce sport m'apportait ce dont j'avais le plus besoin dans la vie : un exutoire. Quand on pense qu'aujourd'hui, c'est principalement grâce à cet exutoire que je suis parvenu à construire ma vie…

Nager m'a toujours permis d'oublier les humiliations que je subissais à l'école. Nager m'a aussi permis de libérer la frustration de ne pouvoir exprimer une immense douleur morale que personne ne pouvait comprendre. Nager, pour moi, c'est comme prendre un remède à chaque fois que la vie va mal. Alors on comprend l'incroyable générosité de mon grand-père et l'immense reconnaissance que je ressens pour lui.

Heureusement que j'ai pu bénéficier des formidables apports physiques et psychologiques de la natation car ma vie était, par certains aspects, réellement lourde à porter. Grâce à la natation, j'ai pu entrer en relation avec les autres enfants et commencer à nouer des amitiés.

7

La rage de vaincre

Quand je suis entré au collège, je suis devenu très vite une proie facile à cause de ma démarche, de ma maladresse et de ma grande timidité. En géométrie, mon incapacité à tirer un trait droit me générait des angoisses. Alors je travaillais tous les soirs, tous les week-ends, avec l'aide de mon père. Je travaillais parce qu'au fond de moi je savais que j'avais des difficultés, mais je savais aussi que j'avais la rage, la rage de vaincre, la rage de prouver que malgré tout j'étais capable de beaucoup de choses.

Parfois cela marchait bien: un jour j'ai eu un 18 sur 20 en sciences. Sans surprise, un élève s'en est amusé: «Ben c'est sûr, t'as pu étudier les poux que tu as dans la tête!» Ce genre de phrases fut mon quotidien jour après jour pendant toute ma scolarité, me laissant incapable de me défendre par manque de confiance en moi. Il est tellement facile de s'en prendre à une personne comme moi, quelqu'un atteint de troubles DYS; on peut s'amuser d'elle, on peut se moquer… de toute façon la personne ne saura pas réagir.

Une nouvelle difficulté apparut: le contact avec les filles. Elles me traitaient de «mocheté», de «clampin». J'étais le gars avec lequel il ne fallait pas sortir parce que j'étais introverti et mal à l'aise donc sans intérêt pour elles. Comme j'avais des cheveux longs elles s'amusaient à lancer la rumeur que je puais et que j'avais des poux. Une jeune fille que je trouvais jolie avec laquelle je faisais de la musique me rembarra un jour très brutalement alors que je lui demandais de lui emprunter sa flûte à bec. Elle me lança : « Certainement pas, il faudrait la désinfecter après. »

À cette époque, le fait que personne ne comprenne mes difficultés et que l'on se moque de moi tout le temps m'a amené à me demander si ce n'aurait pas été mieux d'avoir une différence visible, très visible. Peut-être que dans ce cas, au moins, on m'aurait accepté, on m'aurait aidé. Là, plus je faisais des efforts moins ça se voyait et moins les gens étaient indulgents : c'est cela aussi la vie d'un enfant DYS !

Au collège j'ai commencé à ressentir une angoisse permanente. J'étais parfaitement conscient de mes difficultés : j'enregistrais bien toutes les informations mais, comme d'habitude, je faisais toujours tout en même temps sans savoir par où commencer. Cela devenait de plus en plus compliqué, de plus en plus insupportable. Finalement mes parents et le psychiatre que je consultais décidèrent de me faire suivre par des éducateurs spécialisés en se servant de l'équitation comme support thérapeutique. Ce fut une expérience extrêmement enrichissante. Elle me permit, entre autres, de rencontrer des personnes qui se trouvaient souvent dans des situations pires que la mienne parce qu'elles ne bénéficiaient pas toujours de l'accompagnement familial ou social qui était le mien.

Malgré tout, j'étais quand même le plus souvent ce jeune *geek* isolé passionné de *Star Wars* et de musique. Deux passions qui m'ont permis de rencontrer un nouvel ami, Jérôme, lors des concerts Tam-Tam organisés par l'école de musique de Lanester, où je faisais du trombone à coulisse. Ma lenteur d'exécution m'empêchait de m'adapter au rythme des percussions, ce qui me valut le surnom de « Dupont », en référence à la BD de Tintin.

Je me souviens que parfois, lorsque j'étais un peu perdu et que je bougeais ma coulisse dans le vent en faisant semblant de souffler, Jérémy m'appelait lui amicalement « play-back ». Lors des cours de solfège, nous parlions plus de *Star Wars* que de musique ; surtout moi. Jérémy est pour moi une rencontre marquante car c'est l'un des premiers amis chez qui je suis allé, ce qui m'a permis, plus tard, de faire d'autres rencontres. Comme quoi chaque petite victoire dans une enfance aussi difficile peut apporter de belles joies à l'âge adulte.

Pendant ces années de collège je me suis rendu compte que j'avais une excellente mémoire. Alors je me suis mis à travailler comme un fou et j'ai commencé à apprendre par cœur les cours que je notais en classe, sans les comprendre. Ce qui me permit un jour d'avoir un 20 sur 20 en anglais ! Le professeur a convoqué mon père, interloqué par le fait que ma copie correspondait au mot près au cours…

Au bout du compte mes notes étaient loin d'être catastrophiques, c'est surtout mon émotivité qui inquiétait mes professeurs, notamment ma peur d'avoir des mauvaises notes ou mes difficultés à m'exprimer devant la classe.

Si mes années collège ont été marquées par l'angoisse, mes années lycée sont marquées par la colère. J'avais déjà subi beaucoup trop d'injustices et d'humiliations ; la masse des souffrances était énorme. Un jour où la colère était sans doute plus forte que d'habitude, j'ai plaqué un mec contre un mur parce qu'il imitait ma démarche mollassonne. Sur le coup je n'ai pas su expliquer pourquoi j'avais réagi ainsi, comment j'avais pu me transformer d'un coup de souffre-douleur en bourreau paranoïaque. Parfois, je réagissais au mauvais moment à des moqueries, si bien que cela passait pour de l'agressivité, puisque cette réaction se manifestait en dehors du contexte. Par exemple, un jour, une personne m'avait brûlé les cheveux avec un briquet dans les vestiaires de la salle de sport ; comme ça, pour rigoler. En pleine récré, je l'ai prise par le col pour la coller contre le mur. Simple détail, cela se déroula trois semaines après…

C'est malheureusement la plupart du temps à la maison que je déversais ma colère. Je criais, je pleurais sans cesse. J'en voulais même à mon frère et à ma sœur pour leur bienveillance. Notamment mon petit frère, qui se sentait investi d'un rôle de grand frère. Alors je restais souvent assez loin d'eux. Ma colère contre mon handicap invisible était tellement intense. J'ai passé des nuits à en vouloir au monde entier, à ruminer ma rage, à me dire que je ne m'en sortirais jamais parce que quoi que je dise, quoi que je fasse, beaucoup de gens me prenaient pour un malade imaginaire. Et puis surtout je manquais terriblement d'amour ; les filles ne cessaient pas de me dire que j'étais niais et moche. Mais heureusement, il y avait l'activité piscine. Et là, dans les épreuves d'endurance, j'avais ma petite revanche sur ces demoiselles : j'arrivais à battre leurs copains ! Et franchement, ces victoires m'étaient précieuses… et faisaient la fierté de mon père !

J'ai passé beaucoup de temps avec lui à courir, à faire du vélo, mais c'était difficile. Moi je dis que c'est comme si mon cerveau fonctionnait parfaitement mais que la « boîte à nouveauté » se mettait difficilement en route. Mon père avait désespérément tenté de m'apprendre à changer les vitesses, à avoir les bons rapports et même, à mes débuts, à pédaler à l'endroit ! Il m'avait aussi appris à ne pas dérailler ; un jour j'ai quand même réussi à pédaler, le plateau à la perpendiculaire : ne me demandez pas de vous expliquer comment j'ai pu faire cela ! Ce jour-là j'ai déraillé sur une côte à 90 % de dénivelé, mais au lieu de paniquer, j'ai réussi à me calmer, à remettre la chaîne, à régler les vitesses, et je m'en suis sorti. Aujourd'hui je transpose la même logique dans mon comportement d'automobiliste : je reste calme, je reprends le raisonnement et je réussis.

Imaginez que vous conduisiez votre voiture tout le temps comme si c'était votre première leçon de conduite. Vous vous dites « Maintenant je peux passer la seconde », puis vous regardez le compteur, la route, et vous réfléchissez avant de vous dire : « Maintenant c'est le moment de mettre la troisième », etc. Vous savez de quoi je parle, vous l'avez vécu.

Sauf que pour vous, il y a un moment où c'est devenu automatique et vous n'avez plus jamais eu besoin de réfléchir ; vous faites les gestes, c'est tout. Eh bien moi, j'ai dû effectuer 150 heures de conduite accompagnée avant d'obtenir mon permis de conduire avec, là encore, une solution de contournement : la boîte automatique. Comme vous, j'ai très bien compris comment conduire une voiture, mais mes difficultés de planification des gestes, de hiérarchisation et d'organisation de ma pensée m'ont contraint à m'entraîner encore et encore et à m'épuiser des heures et des heures avant de finir par assimiler le geste, qu'il devienne automatique. Mais aujourd'hui, j'ai mon permis de conduire.

C'est cela la dyspraxie ; c'est dépenser une énergie dont vous n'avez pas idée dans l'intention et la conscience de quantité d'actes de la vie car avant qu'ils ne puissent devenir automatiques, il aura fallu les réapprendre encore et encore au prix d'un travail exténuant. C'est pourquoi il est important de trouver son point de ressources quand l'environnement devient trop anxiogène.

Lorsque l'on souffre de troubles praxiques ou des fonctions exécutives (troubles présents dans certaines formes d'autisme), on ressent une frustration extrêmement intense quand il faut passer de la théorie, que l'on a en général aussi bien assimilée que les valides, à la pratique où se situent toutes nos difficultés. Je m'explique : quand je suis posé, je sais ce que je dois faire ; mais lorsque vient le moment du passage à l'action, et qu'il faut décider par quel acte démarrer, les difficultés arrivent. Si je suis au calme chez moi, je peux facilement mettre en application le geste que j'ai prévu d'accomplir. En revanche, si je suis en extérieur avec tous les bruits parasites qui envahissent mon cerveau, l'exercice devient franchement beaucoup plus compliqué. Là encore, répétition, travail, rien n'est impossible.

Le lycée fut une période charnière pendant laquelle, depuis longtemps habitué à la solitude, je me mis à surinvestir le champ sportif. Nager me permettait d'oublier toutes les humiliations que je subissais au lycée et cela me libérait de la frustration de ne pouvoir exprimer ma douleur morale.

L'avantage de la natation, c'est qu'il est possible de supprimer les bruits parasites en mettant sa tête sous l'eau. Petit, c'était pour moi la possibilité de rentrer dans une coquille où je pouvais aller me rassurer et me mettre à l'abri. C'est d'ailleurs la raison pour laquelle je propose la natation et l'immersion aux enfants autistes : cela les apaise.

Quand j'apprenais le métier de moniteur-éducateur, j'ai fait un voyage en Italie. J'ai pu faire ce stage de découverte sans aucune perturbation car le soir, quand tout s'était accumulé à l'intérieur de moi, je pouvais faire une petite longueur en apnée. J'en ressortais revigoré et apaisé. Ce qui ne m'a pas été possible quand je suis allé en Grande-Bretagne avec mon père, et je peux témoigner que j'ai bien senti la différence : l'angoisse engendrée par mon environnement m'a terrifié pendant tout le voyage.

Alors oui, à la piscine j'avais du mal à effectuer les virages. Alors oui, l'entraîneur me criait dessus. Alors oui, on croyait que je ne respectais personne parce que je changeais tout le temps de couloir. Un jour une enseignante s'était fâchée en sortant du bassin parce que j'étais rentré en collision avec elle (j'inversais souvent les lignes d'eau), alors oui, c'était diffi-cile. Alors oui, une fois de plus je passais pour celui qui ne comprend rien. Sauf que cette fois, c'était différent. Malgré les paroles des autres, malgré les cris de l'entraîneur, ils furent obligés de m'accepter. J'étais un garçon de 16 ans totalement désynchronisé mais j'arrivais à faire moins d'une minute aux 100 mètres et pour ceux qui s'y connaissent en natation, c'est franchement pas mal du tout. Je compensais ma maladresse par de l'acharnement et de l'assiduité. Ce qu'ils n'arrivaient pas à comprendre, c'est qu'il ne s'agissait pas pour moi de battre des records de vitesse ; il s'agissait de compenser la technique et les automatismes que je savais devoir mettre du temps à acquérir.

J'ai été récompensé de tout cet acharnement et ma volonté a payé car en choisissant l'option sport pour le bac, la natation m'a apporté une véritable bouffée d'air frais puisque c'est le seul cours dans lequel je pouvais obtenir 20 sur 20 facilement. Et je l'ai eu ce bac. J'ai passé deux mois sans sortir, à réviser tous les week-ends, j'ai été à deux doigts de vomir juste avant les épreuves, mais je l'ai eu. Et parce qu'à l'époque je voulais devenir pompier, je me suis dirigé vers un IUT hygiène, sécurité et environnement.

8

Violence intérieure

Avec ce que j'ai déjà raconté de mon parcours semé d'embûches, il est difficile d'imaginer que j'allais connaître pire au début de mes études supérieures. Et pourtant. L'IUT fut l'une des périodes les plus violentes de mon parcours scolaire. Car cette fois, c'est par rapport à moi-même que j'ai ressenti cette violence. Dans le sens où pour la première fois j'ai réellement pris conscience que j'étais en déphasage par rapport aux autres et que cela durerait. Et surtout j'ai réalisé qu'à part me battre pour obtenir de bonnes notes et me battre pour bien nager, je n'avais rien vécu d'important dans la vie.

Je n'avais aucune véritable relation sociale en dehors du sport et je souffrais de n'avoir jamais connu de relation intime avec une fille. Bien sûr j'avais quelques amis, mais plutôt dans le cadre étudiant. En dehors des cours, c'était surtout Stéphane mon ami, mais il avait commencé à prendre ses distances avec moi pendant le lycée. Il est vrai qu'être ami avec moi à cette époque n'était pas très populaire.

Je me retrouvais confronté au monde adulte et mes difficultés relationnelles étaient tout aussi grandes. Il m'a fallu par exemple énormément de temps avant de pouvoir avoir le courage d'appeler quelqu'un que je ne connaissais pas au téléphone. Je me sentais toujours en état d'infériorité, comme si j'étais de trop. J'avais des difficultés pour aller vers les autres, j'étais gêné pour prendre la parole, en dehors de la présence de quelques personnes que je devinais bienveillantes. Bref, je n'étais à l'aise nulle part et mal à l'aise partout… Je témoigne qu'à cette époque j'en ai passé des nuits à tourner en rond à me dire que quoi que je fasse les gens me prendraient toujours pour un malade imaginaire. J'en ai passé des nuits à en vouloir au monde entier, à ruminer ma rage en me rappelant les maltraitances, les moqueries et la méchanceté gratuite.

En dehors des conséquences de mon manque de relations humaines, j'avais aussi conscience de mes vraies difficultés pratiques car il ne s'agissait plus d'apprendre : cette fois il fallait pratiquer et s'adapter au groupe. Je tombai dans une grave dépression qui me conduisit au bord du suicide. C'était très douloureux de devoir se confronter à sa propre réalité. Par exemple, c'est à cette époque-là que je me suis rendu compte que je n'étais même pas capable de prendre le bus du bon côté, alors qu'aujourd'hui, je peux prendre l'avion ou le train pour aller à l'autre bout de la France.

Lorsque j'étais fatigué, exténué par les nouveaux environnements que je devais assimiler, il m'arrivait de décrocher en cours, de ne plus rien pouvoir engranger. Cette fois, c'est le surnom de « l'attardé » auquel j'ai eu droit. J'en serais presque arrivé à regretter le « droïde » finalement !

J'avais plutôt des bonnes notes, pourtant, parce que j'étais un acharné du travail. Mais cela ne suffisait pas à compenser le retard que j'avais dans les situations ordinaires de la vie. Par exemple, à cette époque-là, j'en étais à 150 heures de leçons de conduite et je commençais à désespérer car je devais recommencer à passer le code. Pour le permis de conduire, c'était comme pour les stages : j'ai rencontré des gens ouverts et des gens vraiment intolérants. Je me rappelle un homme qui, comme j'avais du mal à enchaîner les gestes malgré ma volonté de les anticiper, me disait : « Alzheimer, mais c'est Alzheimer que tu as ! » Encore un que j'ai failli « emplafonner ».

Pourtant, passer le permis, cela aura engendré de bonnes répercussions sur ma vie. Et cela m'aura bien aidé à faire taire les mauvaises langues. Par exemple, j'ai supporté 200 heures de code et 150 heures de conduite, j'ai passé mon permis cinq fois, mais j'ai tenu bon et aujourd'hui j'ai mon permis de conduire. Combien de personnes auraient cette patience, ainsi que le soutien financier de leur famille ?

Vraiment, il n'y a rien de pire que de se rendre compte de ses difficultés sans pouvoir mettre un mot dessus ; le fait de savoir qu'on est différent, comme mal adapté ou inadapté, sans savoir pourquoi. Savoir que l'on va se faire traiter de crétin sans pouvoir rétorquer parce que l'on sait que la parole de l'autre sera toujours mieux prise en considération, c'est insupportable. Je réalise qu'il s'agissait clairement de maltraitance ; j'ai subi des agressions verbales et toutes sortes d'humiliations. Aujourd'hui j'arrive mieux à rester rationnel et à prendre de la distance. Pourtant le traumatisme est là et souvent, lorsque j'ai un geste maladroit devant quelqu'un, immédiatement le réflexe me revient de croire que cette personne va se moquer de moi.

Tout cela entraînait de gros troubles psychosomatiques allant de la crise d'asthme aiguë à la poussée de psoriasis sur tout le corps. Et puis bien sûr la dépression déjà évoquée me guettait sans cesse. Et pourtant, j'ai rebondi et j'ai su faire preuve de résilience. Pourquoi ? Parce que je ne voulais pas qu'on me prenne pour quelqu'un de fragile. Et j'avais raison : essayez de passer 180 heures de leçons de conduite sans vous dévaloriser, moi je l'ai fait. J'ai obtenu mon permis et ce jour-là j'ai pris conscience que j'avais réussi à développer une remarquable endurance face à la souffrance morale.

Alors j'ai compris qu'aucun challenge n'était finalement hors de ma portée à ceci près que j'allais devoir prendre beaucoup plus de temps que les autres pour atteindre mes objectifs. Comme dirait Denzel Washington, l'un de mes acteurs favoris, « Pour avancer dans la vie n'ayez pas peur de tomber… mais tombez en avant ». Dans ma vie je n'ai fait que tomber, mais je me suis toujours relevé parce que finalement, c'est ma façon à moi d'avancer : la chute en avant.

Je pense que, paradoxalement, cela m'a rendu plus fort. Mes parents m'ont toujours appris à me relever, je pense qu'au fur et à mesure j'ai appris à me relever tout seul. Je réalise que d'autres personnes mieux équipées qu'un profil comme le mien dans la vie et visiblement plus fortes risquent de ne pas s'en sortir aussi bien que moi. Je connais tellement le fond de la dépression et la profondeur du désespoir, c'est pourquoi pour l'instant j'ai toujours tourné autour en réussissant à m'agripper au bord. Je connais tellement bien le risque : je le vois alors je fais toujours en sorte de ne pas rester au fond.

9

Une difficile indépendance

Ma dépression m'a contraint à arrêter l'IUT et j'ai plusieurs trous noirs concernant cette période. Après ce passage douloureux j'ai décidé de rebondir en m'orientant vers une préparation à la formation de kinésithérapie et d'ergothérapie. J'ai passé une première année à Rennes puis une seconde à Gourin, dans le centre de la Bretagne, avec l'idée de travailler au service de l'aide humanitaire. Je suppose que cela représentait une sorte de moyen inconscient de me dire qu'un jour je sortirais de cette vie de dépendance et de soumission. À cette époque malheureusement, je ne mesurais pas que ce métier était inaccessible en raison des capacités d'organisation et des différentes compétences qu'il exige.

C'est à Rennes, près du parc du Thabor, que j'ai eu mon premier appartement. Et il faut bien avouer que ce fut une réelle catastrophe. Ma mère gérait le loyer et la paperasse car le moindre courrier dans ma boîte aux lettres me terrorisait. Par ailleurs, l'apprentissage du ménage a été très difficile. J'avais du mal à me canaliser, je pensais à toutes les tâches en même temps sans en finir une seule, j'étais incapable d'organiser mes gestes pour la vaisselle.

Pourtant ce fut aussi l'époque de mes premières réelles amitiés depuis Stéphane. Des collègues de promo qui m'ont plus ou moins materné et avec qui j'ai fait mes premières soirées. C'est à ce moment que j'ai appris à me constituer un masque qui me permettait de cesser de passer pour un abruti et m'aidait à entrer plus facilement en relation avec les autres. Par exemple, en soirée, je ne buvais pas mais dès lors que je sentais qu'on me prenait pour quelqu'un de différent, je faisais semblant d'être ivre. Dans le fond, c'est pathétique de faire semblant d'être ivre pour se faire accepter. Mais suis-je vraiment le seul à utiliser ce subterfuge ?

Je garde un mauvais souvenir de cette période et j'ai décidé de rompre avec mes connaissances de l'époque ; elles me rappelaient trop de mauvais souvenirs ; et je n'étais au bout du compte jamais vraiment à l'aise lors des soirées avec eux.

Je réagissais de plus en plus violemment aux moqueries et je me sentais parfois atteint de bouffées de violence que j'avais du mal à contenir. Par exemple, un jour que je passais au tableau écrivant de ma manière toute tremblotante, une étudiante dit tout fort : « Regardez-moi cet abruti : il écrit comme ma grand-mère ! » J'étais tellement en colère que je l'ai poursuivie, en fureur, à la fin du cours, et qu'elle partit en courant. L'ironie du sort fit que je la retrouvai plus tard à l'une de mes conférences où j'intervenais en tant que délégué départemental de l'association Dyspraxie France DYS car elle faisait son mémoire sur la dyspraxie !

Dans le cadre de mes études, j'ai d'ailleurs pu remarquer une chose : il existe deux types de professionnels dans le secteur du médico-social. Il y a ceux qui cherchent réellement à aider les autres parce qu'ils sont peut-être eux-mêmes des « âmes blessées », comme le dit si bien Boris Cyrulnik, et puis il y a ceux qui ne cherchent qu'un moyen de se valoriser à travers l'aide qu'ils apportent aux autres. Ces derniers n'ont aucun scrupule à humilier les personnes atteintes de handicaps invisibles dans leur profession, pour la bonne raison qu'un handicap invisible n'est pas utile à leur narcissisme. Je me souviens d'une professionnelle qui m'a choqué un jour en disant : « Je ne m'occupe pas des dyspraxiques, seulement des autistes, le handicap léger ne m'intéresse pas. » Il faudrait pourtant lui expliquer que devoir affronter le regard de l'autre en sachant pertinemment qu'il n'aura aucune compassion pour les difficultés que l'on doit affronter, bien au contraire, moi je trouve que cela est tout sauf léger !

Le pire à cette époque fut sans doute de me rendre compte de mon immaturité dans le domaine de l'amour. Je me souviens très bien à l'occasion d'une soirée « ergo » d'une fille que je trouvais jolie. Quand je lui proposai une bière, elle se mit à crier très fort « Non, Julien, non » pour que l'ensemble des personnes présentes soit bien au courant de mes tentatives d'approche : je n'étais vraiment pas populaire à cette époque. Alors au fur et à mesure j'ai pris du retard dans la relation amoureuse de sorte que, de peur de paraître ridicule, je préférais rester seul et ne rien dire. Un jour j'ai pourtant pris le risque de me lancer sur un site de rencontre et j'ai rencontré une fille qui avait l'air intéressée. Je l'ai invitée, lui ai payé le restaurant, mais quand elle a pris conscience de mon handicap, elle s'est moquée de moi et m'a rejeté méchamment. Encore un coup de poignard invisible dans mon âme mutilée. Je me rappelle avoir pleuré ; heureusement ma mère et ma sœur me disaient : « Un jour tu auras ta revanche sur la vie. »

Cette première année de préparation au concours d'ergothérapeute à Rennes fut un échec. Mes parents m'inscrivirent ensuite à Gourin, en plein centre de la Bretagne. Là j'ai eu beaucoup de bonnes notes parce que je travaillais, je travaillais… J'ai même réussi à obtenir la onzième place, ce qui, pour quelqu'un comme moi, représentait un réel encouragement et beaucoup d'espoir pour mon avenir professionnel. Je me rappelle encore l'attente angoissée des résultats de mes examens dans l'appartement professionnel de mon père à Nantes, où j'allais quelquefois pour pouvoir m'isoler. Je ne faisais jamais la fête. Je faisais des footings avec des écouteurs dans les oreilles pour apprendre mes cours par cœur. À cette époque, bien que n'ayant pas encore été diagnostiqué, j'avais bien compris que j'apprendrais mieux en écoutant qu'en essayant de lire en raison de mes difficultés à me repérer dans les lignes. Du coup je courais et j'apprenais en courant. L'autre intérêt, c'est que cela me canalisait.

J'ai fini par réussir à entrer en ergothérapie après ces années de préparation. C'est au cours de ce cursus que j'ai découvert la nature de mon handicap et que j'ai été contraint d'arrêter mes études pour partir en rééducation, revenir et finalement échouer de nouveau.

Fier de moi je me suis retrouvé à Créteil, un peu perdu. Avec le recul j'ai conscience que je n'étais encore pas autonome, que ce soit pour l'organisation personnelle ou le ménage.

À quoi ressemble le quotidien d'une personne présentant ce handicap invisible que constitue le trouble DYS ? De prime abord, c'est le même quotidien que celui des autres. Après tout, les personnes atteintes de dyspraxie et de troubles des fonctions exécutives ressemblent aux autres, elles paraissent tout à fait normales. Et c'est un peu cela le problème.

Dans les faits, il faut déployer une énergie colossale pour se construire une vie quotidienne identique à celle de tout un chacun. Faire le ménage, gérer les papiers, organiser la cuisine, conduire sa voiture représentent des tâches infiniment complexes quand il s'agit de décomposer chaque geste. Et pour peu qu'épuisée par la mise en place du déroulement de sa journée, la personne atteinte de dyspraxie se plaigne, on lui rétorquera qu'elle n'a rien, qu'elle exagère. En effet, il est possible qu'elle réussisse à bien gérer son monde et ses activités ordinaires. Sauf que pour cette personne rien n'est jamais ordinaire : préparer le repas, organiser son espace de vie, etc., sont autant de défis qu'il faut relever à chaque fois comme si c'était un peu la première fois que l'on se trouvait devant la problématique.

Le pire dans la vie d'un DYS, ce n'est finalement pas l'école : c'est l'entrée dans la vie d'adulte. Accepter ses échecs scolaires et continuer d'aller de l'avant n'est déjà pas si simple, mais le plus dur, c'est qu'une fois adulte, il n'y a vraiment plus grand monde à part la famille pour se préoccuper du sort de l'ex-enfant DYS. Or, c'est le moment de vérité, c'est là que l'on découvre si l'on a été suffisamment armé pour évoluer dans un monde qui nous juge assez handicapé pour ne pas pouvoir s'intégrer professionnellement, mais pas assez handicapé pour bénéficier de certaines aides.

Mes parents, conscients des efforts qu'il m'a fallu fournir toutes ces années, trouvent le diagnostic de mes troubles injuste. Comment l'intégrer, avec tout ce qu'il comporte ? Accepter et comprendre ce qui arrive à leur famille ? Se former et s'informer sur les meilleurs moyens d'accompagner leur enfant ? Comment assimiler la réalité et ses conséquences sur leur vie ainsi que sur la vie de leur enfant ? Pas facile…

Au quotidien, la vie avec un enfant DYS peut engendrer bien des difficultés au sein d'une famille, qu'elles soient organisationnelles ou économiques. Et il faut savoir qu'avec le temps la relation parent-enfant peut se compliquer, même une fois l'enfant devenu adulte. Les parents voient grandir et évoluer leur enfant vers l'indépendance, devenir autonome et même partir pour s'installer chez lui. Ils pourraient donc s'attendre à « souffler » un peu, exactement comme les parents d'enfants non atteints par un trouble se satisfont de les voir quitter le nid, créant ainsi avec eux une nouvelle relation d'adulte à adulte. Mais l'ex-enfant DYS devenu adulte, aussi autonome soit-il, nécessite souvent une aide, notamment sur les questions administratives. Il a des projets, il est demandeur de conseils, il peut avoir besoin d'une aide technique récurrente.

Or cet accompagnement permanent et sans fin crée inévitablement une usure relationnelle : les parents vieillissent, souhaiteraient vivre pour eux-mêmes, et sont parfois lassés de devoir toujours intervenir. L'enfant, lui, est habitué à devoir toujours se mobiliser : vous l'avez vu, c'est son quotidien pour tous les gestes de la vie courante. Les parents n'ont pas cette faculté indispensable d'adaptation permanente et leurs ressources finissent par diminuer. Si l'on veut échapper aux tensions inévitables, il faut faire attention à se mettre en «vacances» les uns des autres régulièrement afin d'éviter qu'une saturation ne finisse par créer des conflits.

Le vrai problème pour un adulte DYS ayant bien évolué, c'est qu'il peut se trouver dans cette frange, terrible, où il a assez compensé pour s'insérer dans le milieu ordinaire, mais où il a également besoin d'adaptations. Beaucoup d'employeurs ne s'embêteront pas avec ces adaptations…

J'ai très vite compris que m'adapter dans ce nouvel environnement allait être encore très difficile pour moi. À commencer par le déchiffrage du plan de métro : mes yeux se promenaient partout sauf là où il fallait, comme si mon cerveau n'arrivait pas à hiérarchiser les multiples informations qui défilaient devant mes yeux. Chez moi, lorsque je voulais entreprendre de faire le ménage, je commençais par une tâche, passais à la suivante sans avoir terminé la première, revenais en arrière, etc. J'ai fini par faire appel à une femme de ménage. Tous les mois, je m'organisais une journée complète à essayer de faire un début de ménage afin de ne pas avoir l'air trop ridicule devant cette personne mais je ne réussissais qu'à virevolter d'une tâche à l'autre sans parvenir au résultat escompté. Alors imaginez ce que représente pour moi aujourd'hui le fait d'avoir monté ma micro-entreprise !

En cours, toujours la même difficulté : je comprenais tout mais je n'arrivais pas à passer d'une tâche à l'autre alors, pendant les travaux pratiques, je faisais tout tomber et, comme d'habitude, on se moquait de moi. Mais j'avais grandi et je commençais à trouver des solutions. J'avais notamment compris qu'il fallait que je répète les séquences de gestes à l'avance chez moi. Inlassablement, tous les soirs, je répétais virtuellement chaque geste plusieurs fois et, miracle, ça marchait!

Pendant les stages, ma réussite dépendait de la compréhension des autres. Soit les personnes me comprenaient et me tiraient vers le haut. Dans ce cas, généralement, je réussissais mon stage. Soit je tombais sur des personnes méprisantes ou simplement décourageantes et dans ce cas, malheureusement, rien ne fonctionnait plus pour moi tant j'étais facilement déstabilisé. J'en ai gardé un souvenir pénible, notamment en formation de psychiatrie où mes collègues en étaient arrivés à considérer que j'étais atteint, moi aussi, de troubles psychiatriques! J'entendais parfois murmurer dans les couloirs: «Celui-là, dans deux ans on le retrouve en HP.» Je me rappelle aussi mon dernier stage en rééducation fonctionnelle que je n'avais pas validé car je n'avais pas réussi à fabriquer une orthèse. Je m'étais effondré de douleur et de fatigue dans les toilettes en me disant que cette année de souffrance n'avait servi à rien!

Heureusement, j'ai aussi rencontré des gens très bien lors des stages. Des ergothérapeutes qui avaient décidé de me voir plus souvent en synthèse pour savoir comment j'allais; qui m'encourageaient en me disant que j'avais un vrai comportement empathique, notamment avec les personnes âgées, et qui me montraient leur confiance en me donnant plus de responsabilités. En unité Alzheimer aussi, et dans un centre de rééducation de la région nantaise où j'effectuais un stage qui, malheureusement, a coïncidé avec l'annonce de mon diagnostic et s'est donc mal terminé car, moralement, tout cela commençait à faire un peu trop d'obstacles en même temps sur ma route.

Souvent, pour compenser les difficultés techniques, je « parle » aux gestes que je fais, je m'adresse à eux encore et encore jusqu'à l'intégration complète du geste que je dois accomplir. Je sais que chaque enfant est différent, peut-être que ça ne marcherait pas pour tout le monde, mais je peux dire que dans mon cas la verbalisation pour intégrer les gestes a vraiment bien fonctionné. Même si j'ai fini par réaliser que je serais toujours débordé, que ce serait tout le temps comme ça. Et j'ai décidé que le moyen de m'en sortir dans la vie serait de ne jamais rien lâcher, de tout effectuer méthodiquement, étape par étape, dans le bon ordre ou pas, tant pis, le but étant d'arriver au bout de mes projets.

C'est à la fin d'un cours de macramé (qui sert pour la rééducation de la motricité fine) qu'une professeure a demandé à me voir afin de me conseiller de prendre rendez-vous chez un neurologue parce qu'elle soupçonnait que je puisse être atteint de troubles cognitifs spécifiques. J'ai obtenu ce rendez-vous et la suite, vous la connaissez.

J'étais un peu perdu par la complexité du diagnostic. Les médecins qui me suivirent par la suite me confirmèrent que je présentais vraiment les symptômes de ces troubles au point de s'interroger sur d'autres troubles du développement.

Ce qui s'était passé était que j'avais réussi à compenser ces troubles au fil des années. Paradoxalement, c'est justement parce que j'avais accompli mille efforts permanents, épuisants et douloureux que le diagnostic a été si difficile à établir. En définitive, tout cela avait engendré d'autres difficultés, des stigmates qui me compliquaient tout autant la vie quotidienne que le trouble lui-même.

Je me rendais bien compte de cette intelligence dissociée qui était la mienne. En cours, j'obtenais sans difficultés les meilleures notes de la promo en psychologie et en psychiatrie. Et, dans le même temps, sur les activités de rééducation comme le macramé ou la fabrication d'orthèses, je devenais fou à essayer encore et encore de les fabriquer avec acharnement ; et le lendemain matin, en cours, tout le monde se fichait de moi parce que mon pauvre panier en osier était tout de travers !

L'année universitaire qui suivit l'annonce de mon diagnostic fut un fiasco, période douloureuse au cours de laquelle j'ai vécu dans un état d'épuisement intellectuel et affectif que je n'avais jamais atteint. Il faut dire que là encore j'ai rencontré un enseignant qui n'a rien trouvé de mieux à dire, en parlant de moi, sans vérifier suffisamment que je ne puisse l'entendre : « Celui-là, dans deux ans je le retrouve en hôpital psychiatrique et, de toute façon, c'est un pétard mouillé » : un exemple de bienveillance pour qui consacre sa vie à enseigner l'accompagnement de personnes fragiles et vulnérables !

J'ai dû arrêter mes études au bout de six années de travail acharné.

Il m'aura fallu six ans pour arriver jusqu'en deuxième année et échouer sans avoir pu finir mon cursus. Parfois la frustration de n'avoir pas pu aller au bout de mon projet m'est totalement insupportable. Les gens qui m'aiment me disent de tourner la page, mais malgré leur connaissance de mon handicap, ils n'ont aucune idée des efforts que j'ai fournis pour parvenir à ce niveau de mon projet professionnel. Il en restera toujours une profonde blessure.

J'ai vécu dans une solitude totale jusqu'à l'âge de 26 ans. Je n'ai pas connu les soirées entre amis, je les ai remplacées par des soirées au bassin de natation à battre des bras pour gagner un certain respect de moi-même et un peu plus d'assurance. J'ai vécu enfermé tous les week-ends à l'âge où les autres s'amusent, à me stresser et à stresser ma famille parce que je souffrais trop fort de mes troubles cognitifs.

J'ai été privé des expériences amoureuses jusqu'à mes 29 ans… toujours la peur de montrer mes faiblesses, toujours la crainte du regard de l'autre…

10
Se relever,
toujours se relever…

Frustré par l'échec de mes études, je me suis inscrit dans une école comme moniteur-éducateur en apprentissage en institut médico-éducatif (IME) auprès d'enfants autistes. Cela ne s'est pas passé sans douleur mais finalement j'y suis parvenu. Je garde une grande reconnaissance envers le directeur et le chef de service de cet établissement qui m'ont donné ma chance en dépit de mes difficultés. J'ai également passé et obtenu mon diplôme de maître-nageur et je suis même devenu secouriste bénévole. Tous mes combats avaient donc quand même réussi à mener quelque part.

Pour pouvoir m'épanouir et faire en sorte que tout ce que ma famille et moi avions vécu ne soit pas arrivé en vain, j'ai décidé de m'investir dans la vie associative. Je suis donc devenu délégué départemental pour l'association Dyspraxie France DYS (DFD). Cela m'a permis de rencontrer d'autres jeunes dans la même situation que moi, souffrant de dyspraxies, de syndrome d'Asperger… J'ai réalisé que je n'étais pas seul et que d'autres portaient en eux la même blessure profonde et intime. Ils avaient les mêmes difficultés que moi à s'insérer sociale-ment et professionnellement parce qu'eux non plus n'avaient pas un fonctionnement normal. Grâce à mon travail dans cette association, j'ai eu l'occasion d'essayer d'apaiser leurs souffrances, comme j'ai eu l'occasion de réconforter des parents en pleurs au téléphone. J'ai alors bien compris que mon salut serait d'aider ces jeunes pour essayer de leur éviter de devenir cette espèce de combattant fatigué et écœuré que je suis devenu par trop d'hypersensibilité et de sentiment d'injustice.

J'ai rencontré une intervenante elle-même en situation de handicap physique et manifestement très fermée au sujet du handicap mental. Décidant d'analyser les différents styles de nage de chacun, elle avait jugé que j'avais une nage pleine de haine et de colère parce que je nage avec acharnement. Était-ce parce qu'elle était en situation de handicap visible, donc socialement mieux acceptée, qu'elle pouvait se permettre de me juger de cette manière ? Si je m'acharnais dans cette nage agressive, c'était pour pallier les difficultés techniques dues à mes problèmes de coordination et de concentration. J'avais mis au point cette idée de nager davantage en fréquence «cardio», contre l'avis de mon ancien entraîneur, pour compenser mes difficultés.

Le paradoxe est que, lors de l'apprentissage de l'aquagym si difficile pour moi, je devais faire face à des collègues qui se moquaient de ma maladresse et pourtant disaient que tous mes problèmes étaient dans ma tête tout simplement parce que je nageais plus vite et que j'avais de meilleurs résultats qu'eux. Ce qu'ils ne savaient pas c'est que, sachant que je devais travailler deux fois plus pour y arriver, en fait je travaillais quatre fois plus pour être sûr. Mais dans ce cadre-là, je ne pouvais rien en dire parce que toute réaction aurait été évidemment mise sur le compte d'une mauvaise gestion des émotions par ces thérapeutes chevronnés! Malgré tout ça, j'essaie de passer au-dessus, ce qui me rend heureux, c'est de pouvoir aider les autres, cette démarche est vitale pour moi, elle donne du sens à ma vie.

Lorsque j'effectuais mon apprentissage en IME, il m'est arrivé de travailler auprès de personnes autistes présentant des troubles qui ressemblaient beaucoup aux miens. Ainsi, par exemple, pendant mon enfance je multipliais, comme beaucoup d'entre eux, les gestes stéréotypés que l'on associe souvent à une manifestation de l'autisme. En ce qui me concerne, je me frottais les mains. C'est un geste que j'ai appris à contrôler, entre autres grâce à la natation. Je dois avouer cependant qu'en certaines situations de stress exceptionnel, ces gestes peuvent revenir. J'arrive toujours à les canaliser maintenant.

J'ai la chance, oui, la chance, de savoir précisément ce que ressent un enfant atteint d'un handicap invisible, mieux que d'autres éducateurs, je comprends et je perçois les difficultés de cette personne. Alors j'imagine facilement les solutions, je trouve les mots pour l'aider à comprendre, je communique instinctivement avec elle. Et ça marche. Quelle joie pour moi de pouvoir offrir une solution pratique à un enfant pour se sentir mieux.

Par exemple, j'apprends à un enfant qui souffre d'hyperacousie[1] à nager sous l'eau: le fait de pouvoir se mettre en

---

1. Hyperacousie: sensibilité extrême au bruit, qui peut être vécue douloureusement.

immersion totale lui apporte de l'apaisement et du soulagement. À travers les battements de bras de la natation, je peux aussi débarrasser un autre enfant de certains gestes de battements répétitifs, propres aux enfants autistes et qui sont si difficiles à vivre pour eux et pour leur entourage…

Et puis un jour, au cours d'une soirée avec des amis – trop de bruit, trop de monde – nous nous sommes isolés avec un copain et sommes allés faire les malins sur les sites de rencontre. Ça, j'avais déjà essayé et à chaque fois, mes difficultés, ma façon d'être, mon absence de sens pratique et le manque d'expérience faisaient que ça n'allait jamais plus loin que le second rendez-vous. Mais bon ! Vous me connaissez maintenant : j'y vais quand même, je suis une tête de mule.

Le jour du rendez-vous j'arrive en retard, mais Marion – c'est son nom – est toujours là ! La conversation s'engage et bizarrement, je n'ai pas besoin de mettre mon masque. Encore plus bizarre, elle n'a pas l'air d'être dérangée par mes particularités. Je ne sais pas à quoi tout cela va aboutir mais je crois qu'avec elle, j'ai vécu l'une de mes plus heureuses journées. Pour une fois quelque chose a pris le pas sur les angoisses de l'avenir et toutes ces choses qui défilent en permanence dans ma tête telle une arborescence indomptable. Ce jour-là j'ai peut-être remporté l'une de mes plus grandes victoires : à bientôt 30 ans, enfin, je viens de rencontrer l'amour !

11
La force de l'expérience

Vous l'avez compris : je n'ai pas les compétences médicales pour vous parler des troubles DYS, je n'ai pas les diplômes. Je n'ai pas l'appui d'années de faculté pour détenir la légitimité permettant normalement de produire un écrit au sujet des troubles DYS. Ce que je peux produire, moi, sur les troubles DYS, c'est le témoignage du patient. Ce que je peux vous expliquer dans le détail, c'est le vécu et le ressenti d'une personne atteinte de troubles DYS.

Certes, je n'ai pas fait dix ans d'études de médecine. Un «bac plus huit» m'a dit une fois : « C'est bien, votre projet, mais vous savez, il faut savoir différencier l'expérience et la compétence.» S'il m'avait un peu écouté, je lui aurais répondu ceci : sans le vécu, sans l'expérience, et particulièrement dans le domaine de la relation à l'humain, la compétence n'est rien qu'un habillage qui ne dupe que ceux qui se soucient de l'apparence. J'ai «juste» une vie d'une petite trentaine d'années d'expérience au quotidien, du matin jusqu'au soir, la nuit et le jour sans jamais de pause, ni de congé, à composer, à m'adapter, à me battre perpétuellement dans un monde que j'ai du mal à comprendre, et qui, lui, ne me comprend pour ainsi dire jamais. Il en va de même pour les parents des enfants autistes, je crois que leur vécu de chaque jour avec leur enfant leur donne un bac plus trente et plus sur le sujet. Il serait sans doute temps de les écouter. Je le fais attentivement et je continue à apprendre alors que je connais bien cette affaire-là de l'intérieur.

Nous vivons dans un monde qui ne parle que de performance, de dépassement de soi, voire d'écrasement de l'autre. Or cela ne veut strictement rien dire pour l'enfant DYS ou l'enfant autiste : les classements, les diplômes, la comparaison aux autres ne signifient rien pour lui. Ma vision des choses est la suivante : on ne juge pas un homme sur sa façon d'être le meilleur. Ce qui fait sa vraie valeur, c'est sa façon de donner le meilleur de lui-même. Et si tout le monde raisonnait de cette façon, alors chacun pourrait, quel que soit son handicap, être considéré comme une personne à part entière et capable de grandes choses.

Comme je l'ai déjà dit, les troubles DYS m'ont fait regretter plus d'une fois de ne pas être atteint d'un handicap bien visible comme celui de devoir utiliser un fauteuil par exemple. Pardon à tous ceux que cette phrase pourrait choquer. Bien loin de moi toute pensée négative à l'égard de qui que ce soit. Cette remarque est juste destinée à illustrer la détresse de quelqu'un dont l'apparence suppose une normalité parfaite dont tout le monde s'attend, par le fait, à un comportement le plus ordinaire et adapté qui soit. Et pourtant, tout est différent à l'intérieur, tout est perturbé, rien ne fonctionne comme chez les autres. Le problème est que cela ne se voit pas.

Cela se traduit par des comportements, des gestes, des attitudes, une démarche, une lenteur de réaction, etc., bref, une quantité de différences qui devraient être anodines, mais qui créent des réactions aussi diverses que perturbantes (pour dire les choses poliment). Et si encore la personne atteinte de ces troubles restait « étanche » aux réactions des personnes valides autour d'elle, il n'y aurait peut-être pas de souffrance. Cela dit, j'ignore tout, en fait, de la réaction émotionnelle d'une personne handicapée physique quand elle subit le rejet des valides autour d'elle… L'important est de savoir que les dyspraxiques sont aussi compétents que les valides en termes d'intelligence émotionnelle, d'empathie et de sensibilité.

J'en profite pour évoquer un point, concernant l'autisme, dont les troubles DYS se rapprochent bien souvent. On entend souvent dire, au sujet des autistes, qu'ils sont super-intelligents mais inadaptés au monde ordinaire et qu'ils n'ont pas d'empathie. En vérité, ce n'est pas l'empathie qui pose problème : je constate de nombreux échanges d'émotions entre les enfants que j'entraîne à la natation lorsqu'ils évoluent dans le bassin. Leur difficulté vient du fait qu'ils voient le monde dans ses détails les plus précis sans les replacer dans la globalité. Ils ressentent donc une véritable difficulté à se représenter les intentions de l'autre, ce qui s'avère être tellement angoissant que leurs émotions se trouvent inhibées par l'effort d'adaptation qu'ils produisent pour comprendre l'autre. Je vous laisse donc imaginer quelle peut être leur souffrance quand ils subissent les regards, les remarques, les moqueries et autres manifestations de la bêtise ordinaire de tous ceux qui ne savent pas – ou ne veulent pas – s'adapter à une personne différente. Tout est là !

Dans le fond, il pourrait être simple de vivre avec un trouble DYS si seulement la société était capable d'intégrer les personnes concernées comme des citoyens à part entière qui n'ont que quelques différences, ni dangereuses ni contagieuses ! Car tel est le cas !

Autant les psychologues peuvent faire beaucoup de mal en disant que l'origine des troubles DYS est psychique, autant ils ont un rôle primordial pour aider les enfants à avancer malgré les blessures et les aider à prendre confiance en soi malgré les échecs. Avec les troubles DYS il faut infiniment plus d'efforts pour arriver au même niveau que les autres. Parfois il m'est arrivé de craquer parce que j'avais trop forcé, et pourtant les autres me prenaient pour un paresseux parce que j'allais moins vite qu'eux, alors qu'en réalité j'avais dépensé une énergie dont ils n'avaient pas idée.

Jeune homme voulant m'intégrer aux autres jeunes, j'ai un jour versé un verre d'eau sur une jeune fille que je ne connaissais pas, juste parce que je venais de voir un collègue de promo le faire et que tout le monde avait trouvé ça drôle, à commencer par la jeune fille arrosée. Je n'avais pas compris qu'il s'agissait d'un geste entre copains mais absolument pas d'un rituel convenu (ni convenable) pour partager de bonnes relations humaines. Il est évident que la jeune fille que j'ai ainsi arrosée m'a copieusement insulté, et, pour cette fois, je comprends bien qu'elle l'ait fait.

Cependant cette gaffe était réellement liée au fait que tous ces codes échappent aux autistes qui mettent les gestes qu'ils voient faire sur un même plan totalement analytique, l'émotionnel n'étant dans ce cas qu'un désir profond de partager de belles relations humaines avec les autres. J'étais toujours persuadé que les autres détenaient les clefs de la belle qualité relationnelle, je n'avais pas encore compris que nombre de leurs gestes sont soit automatiques, soit stupidement liés à des modes ou à des paris dans lesquels seul le « paraître » compte. Il n'y a que maintenant que je perçois que la qualité d'échanges humains riches et sincères n'existe pas si souvent dans les interactions avec les autres. Dans le fond, je constate que cette relation humaine chaleureuse et véritable, je la croise bien plus souvent avec les autres personnes handicapées qu'au milieu des valides.

Revenons sur le sentiment de solitude que j'évoque régulièrement dans ce livre. L'isolement dans lequel je me sens souvent enfermé vient du manque de connaissance de ces troubles par la majorité des gens. En revanche, nous, les personnes atteintes de ces divers handicaps, nous nous reconnaissons instinctivement entre nous ; nous portons tous la marque de quelque chose de blessé : une démarche particulière, un regard fuyant, un manque de confiance visible, l'utilisation de mots ou de gestes caractéristiques… Cela vient du fait que nous avons tous été confrontés à des violences telles que je les décris dans les pages de cet ouvrage. Tout cela fait que nous ne nous sentons vraiment parfaitement à l'aise qu'avec nos semblables.

Derrière ce que nous vivons, l'exclusion, le rejet de notre apparence, les jugements de ceux qui pensent que nous sommes des personnes normales dénuées de volonté, l'incompréhension de nos souffrances, se trouve quand même un élément positif: nous devenons plus combatifs, et surtout nous gardons, en réaction, plus d'humanité, plus d'empathie. Lors de mes nombreux échanges avec des personnes autistes, c'est ce même ressenti que j'ai constaté.

En fin de compte, malgré notre douloureuse et profonde solitude, nous restons des êtres sans préjugés. En ce qui me concerne, je mesure à quel point cela me rend utile auprès des jeunes que j'accompagne ou des personnes atteintes de la maladie d'Alzheimer, ou bien quand j'interviens en tant que secouriste auprès de personnes valides en situation de détresse. On dirait que je leur apporte une meilleure compréhension de leur souffrance, que je sais mieux la partager. Cela me rend très fier et me fait penser que c'est sans doute dans cette direction que se développe la valeur d'un homme. Je me rappelle le slogan de l'association DFD: «Un homme n'est jamais aussi grand que lorsqu'il se met à genoux pour aider un enfant.»

12

S'intégrer, oui,
mais à quel prix?

Cette nécessité d'intégration à tout prix est un piège qui se referme sur la personne dyspraxique ou autiste. Dans mon cas, j'ai voulu m'intégrer à toute force dans ce monde qui semblait ne pas vouloir de moi. Alors je me suis fabriqué une super-carapace: je suis un triathlète, j'ai réalisé un «*Half Ironman*» (2 kilomètres de natation, 90 kilomètres de vélo plus un semi-marathon), je suis éducateur et secouriste bénévole: je force le respect. C'est bien, c'est ma vitrine à moi; d'autres ont créé un autre personnage pour se faire accepter dans la société. Le revers de la médaille est que je suis contraint de m'oublier dans cette lutte perpétuelle.

Ce que je veux dire par là, c'est que derrière le Julien sportif se cache toujours un enfant terrifié et très seul. Il y a ce vide affectif: comment se faire aimer? Comment aimer selon vos codes? Comment ferai-je quand mes parents ne seront plus là? Que restera-t-il quand la vitrine du grand sportif se fissurera? Notre société apprend aux enfants différents – exige d'eux, devrais-je dire! – à forcer leur nature pour rentrer dans la norme, quitte à les rendre malheureux. Mais un pingouin ne peut pas être heureux dans le désert. Je ne peux pas comprendre pourquoi, parce que ces enfants-là sont minoritaires, ce devrait être à eux de s'adapter à la société qui les « accepte ». Au nom de quoi ce sont les autres, les « normaux », qui ont raison ? Les enfants DYS ou les autistes n'ont rien fait de mal, qu'est-ce qui justifie qu'on leur demande de changer ?

C'est pour cela que j'aime être avec eux ; au moins, ensemble, nous pouvons légitimement être nous-mêmes sans jugement ; notre relation est authentique et bienveillante. Le monde qui nous entoure n'est ni authentique ni bienveillant dans sa grande majorité, comme vous avez pu le constater au travers de mon histoire. Pourquoi ?

Ce bonheur simple d'être soi-même dans la société, que je n'ai pas encore eu le droit de goûter, je rêve de l'offrir aux enfants qui sont atteints des mêmes troubles que moi. C'est ce qui me motive tous les jours à continuer à enfiler mon costume de super-héros.

Comme vous l'avez compris à travers mon parcours, il est souvent difficile de faire un diagnostic dans les troubles liés à l'apprentissage. La frontière entre difficulté et handicap est tellement ténue que l'on peut passer à côté. Or plus il est établi tardivement, plus l'enfant développe des stratégies de contournement de ses difficultés, ce qui est une fausse solution car il dépense une énergie considérable à trouver des façons de faire alors qu'il pourrait utiliser cette énergie pour développer ses points forts.

Cela résoudrait aussi le problème du dosage juste entre la compassion et l'accompagnement. C'est une erreur de vouloir tout faire pour son enfant dyspraxique car cela ne l'aide pas à prendre confiance en lui et risque de le rendre encore plus dépendant, voire capricieux. En ce qui me concerne, je me souviens avoir eu de grandes difficultés émotionnelles mêlées d'angoisse et d'impulsivité. Je réclamais des réponses immédiates à mes demandes et je ne supportais pas les refus. En fait il ne s'agissait pas d'un besoin capricieux. Simplement, comme je pensais à beaucoup de choses en même temps, le fait de recevoir des réponses au fur et à mesure de mes demandes soulageait mon esprit très fatigué de travailler autant.

Grâce à de très belles rencontres, j'ai pu expérimenter cette confiance qui nourrit la confiance. J'ai ainsi eu la chance de bénéficier du soutien du club de triathlon de Larmor, où j'ai été accueilli à une époque où j'allais très mal. On m'a autorisé à entraîner des adultes et des enfants au triathlon en me valorisant et en faisant tout pour me donner confiance en moi-même. Je continue aujourd'hui d'intervenir dans leur club pour les remercier de m'avoir accepté et soutenu. Je n'ai pas bénéficié souvent d'une aide aussi précieuse.

Notamment aujourd'hui que j'exerce en micro-entreprise. Je déplore que certains milieux me boycottent en me considérant un peu comme un concurrent. Je regrette vraiment que les impératifs de rentabilité prennent le dessus sur la relation humaine, les poussant à me voir comme un rival alors que mon entreprise est plutôt le résultat bien modeste d'une intégration atypique réussie. Ces collègues bien peu disposés à m'aider sont précisément ceux dont je croyais pouvoir recevoir l'appui car ils sont d'autant plus conscients de mes difficultés à m'organiser que leur compétence les rend particulièrement aptes à évaluer mes difficultés pratiques.

Encore une illustration de la vulnérabilité des personnes comme moi : nous ne maîtrisons pas les subtilités du monde de l'entreprise. Je m'attendais à des encouragements et à de l'aide technique, en fin de compte je dois, une fois de plus, apprendre à décrypter les rouages du monde du travail pour comprendre leur point de vue concernant mon arrivée sur leur marché ! Il n'y a pas que les aides financières que la société devrait apporter aux personnes atteintes de ces handicaps invisibles, il y a aussi l'accompagnement technique face aux questions administratives.

Dans mon cas, le milieu médical a décrété que j'étais à présent « adapté » et que je n'avais donc plus besoin de soutien. Ce verdict m'a fait perdre un premier emploi. Et comme notre « système » est parfois ubuesque en France, j'avais trouvé un autre emploi par la suite pour lequel j'ai été refusé car inapte en raison de mon handicap ! Il faudrait savoir ! C'est toute l'histoire du handicap invisible : tous les services de l'État ne le considèrent pas de la même manière, de sorte que pour les uns, vous êtes « normal », adapté, bon pour la vie en société, donc dispensé des aides sociales, mais pour les autres vous êtes handicapé donc pas autorisé à bénéficier du traitement (les salaires par exemple) des valides ! Moi, j'appelle cela la « double peine », encore une fois. C'est la raison pour laquelle j'ai pensé qu'en devenant indépendant... Alors imaginez ma surprise quand j'ai découvert que même dans le milieu spécialisé on ne m'intègre que moyennement !

13

Ma ténacité : mon moteur !

Le jour où j'ai compris que je serais éternellement débordé, j'ai décidé de ne jamais rien lâcher. Tant pis si je fais les choses dans le désordre, tant pis du moment que je parviens à finir ce que j'ai entrepris, même de façon décousue : l'essentiel est d'avancer. Je suis breton par ma mère et corse par mon père, je suis sans doute têtu ! C'est ce qui se dit, n'est-ce pas ?

Aujourd'hui je ne suis pas ergothérapeute, certes, mais j'ai compensé mes troubles du quotidien en prenant une heure tous les soirs pour planifier mes journées et anticiper les gestes qu'elle comportera. J'ai aussi appris à gérer mon attention en la diminuant dans les moments où il n'est pas utile de la mobiliser particulièrement. Mais il me restera toujours difficile de prendre conscience que je comprends les choses après un temps de latence, que je dois réfléchir longuement avant de débuter une nouvelle action et hiérarchiser les tâches de ma vie quotidienne. Pour autant, en bonne tête de mule que je suis, je m'obstine… et j'y arrive, vive la compensation, c'est mieux et efficace.

J'ai décidé de me reconstruire en m'appuyant sur les éléments positifs de ma vie, sur toutes mes réussites : après un an d'IUT, en DUT dans les domaines de l'hygiène, de la sécurité et de l'environnement, j'ai effectué deux années de préparation au concours d'entrée en formation d'ergothérapeute. J'ai ensuite fait une année d'études en ergothérapie, suivie d'un arrêt d'un an lié à mon handicap. J'ai recommencé, je suis allé jusqu'en troisième année. Après l'annonce de mon diagnostic, j'ai entrepris une formation de maître-nageur. Ensuite j'ai effectué un apprentissage d'éducateur en IME, où je travaillais notamment à l'accompagnement des enfants à travers la natation.

Parce que j'ai décidé d'être consciencieux professionnellement, j'ai entrepris de faire du secourisme bénévole de temps en temps, ce qui me permet, en plus, de réaliser d'une certaine manière un rêve inaccessible à la base pour moi : devenir pompier volontaire. De temps en temps, je fais donc des postes. Pour cela je révise la veille mes gestes de secourisme avec un mémoire PSE1 (Premiers secours en équipe de niveau 1), puis j'y vais. Le poste dure une journée, il faut effectuer des gestes techniques de montage et démontage du poste selon des consignes logistiques. Par ce biais, je me forme en permanence, et j'ai fini par devenir aussi compétent que tout maître-nageur, car finalement ma conscience professionelle me rend tout aussi apte.

Voilà d'ailleurs un point qui peut rassurer les parents qui me lisent. On finit par être tout aussi efficace que les autres à force de ne rien lâcher. Dernièrement, je suis allé soutenir une marche inclusive organisée par un jeune dyspraxique à qui j'avais donné des cours de natation bénévolement. En attendant le retour des marcheurs, j'ai remarqué qu'un enfant était tombé et s'était cogné les cervicales. J'ai tout de suite fait en sorte qu'on assure un maintien tête et passé dans la foulée l'alerte au Samu tout en prenant les constantes et en le recouvrant. Un pompier a pris le relais et m'a dit que j'avais très bien réagi comme secouriste… C'est la preuve qu'à force de travail, nous sommes capables d'être aussi compétents que n'importe quelle autre personne « normale ».

C'est toujours la même histoire : je connais mes faiblesses et j'en tiens toujours compte. Mon doute permanent me rend modeste et me contraint à me concentrer sur le bon geste. C'est comme quand je nage en eau libre : il y a le vent, les vagues, le froid, les courbatures, je mentalise tout cela à l'avance et je me prépare à endurer. Ou comme quand je faisais le tour du lac de Créteil en courant, écouteurs dans les oreilles, à écouter encore et encore mes cours pour les intégrer. J'ai fait pareil pour mon permis de conduire, je n'ai rien lâché, j'ai eu 150 heures de conduite, mais j'ai mon permis. Ce que je veux dire, c'est qu'en fin de compte, avec ma boîte automatique et mon handicap, je me retrouve à conduire bien plus prudemment que la moyenne.

En définitive, mon handicap m'a peut-être rendu meilleur que si j'avais été valide, parce que j'ai l'humilité de celui qui est diminué. Et si je me dépasse perpétuellement, je le fais toujours avec la conscience et la concentration de celui qui connaît ses limites, ce qui ne semble pas être le cas de tous les valides, si sûrs d'eux et parfois si arrogants qu'ils en arrivent à prendre des risques.

Les troubles DYS n'empêchent ainsi pas d'avancer. Car ce qui est intégré reste intégré. J'ai transformé mes faiblesses en force en étant, en permanence, consciencieux, appliqué dans mes tâches. C'est pour cette raison que je raconte mon expérience : ce que j'ai réussi, d'autres enfants atteints de troubles DYS peuvent le réussir à leur tour : c'est ce que je souhaite du plus profond de moi et c'est pour cela que j'ai entrepris ce difficile témoignage. Je veux donner de l'espoir aux enfants, et aussi soutenir et motiver leur entourage dans leur démarche d'accompagnement : oui, même si tout est lent, on peut y arriver. Car, je le répète, ce qui est intégré reste intégré !

On peut dire que j'ai travaillé et que j'ai eu la rage de ne jamais abandonner. La vie d'un DYS, ce n'est pas un sprint, c'est même plus qu'une course de fond : c'est un match de boxe continu. Il faut savoir en permanence encaisser les coups et se mettre en condition de recevoir ceux qui ne manqueront pas de venir. Et des problèmes, le système en rajoute parfois. Notamment en ce qui concerne l'approche des troubles.

Souvent, les enfants DYS ou autistes ont des problèmes de posture : ils ne se tiennent pas droit. Ils se plaignent aussi de douleurs au ventre. Or j'entends parler de refoulement psychanalytique. Pourquoi ne pas simplement déjà regarder du côté du métabolisme ? La mauvaise posture peut être due à une hypotonie, l'enfant peut être simplement fatigué parce que c'est fatigant d'être DYS, je crois l'avoir assez démontré à travers de multiples exemples de ma vie quotidienne. Quant au mal au ventre, il semblerait que ce soit génétique. N'oublions pas que l'enfant s'entend dire toute la journée qu'il ne sait pas s'organiser, qu'il n'est pas autonome, qu'il se tient mal… Alors on interprète parfois tous ces phénomènes en disant qu'il fait un « refoulement psychanalytique » ou bien qu'il a « peur d'être autonome ». À force d'explications « psy » et de commentaires interminables, l'enfant finit par être fatigué autant par les commentaires ou les reproches que par les maux eux-mêmes ! Et c'est malheureusement dans ce cas qu'il peut finir par craquer, corroborant par là même les hypothèses des psys : « Vous voyez bien qu'il y a un problème psy ! » Un vrai cercle vicieux !

14
Transmettre mon expérience et mes valeurs

Aujourd'hui je fais ce que j'ai toujours voulu : donner des cours de natation à des enfants en situation de handicap. Contrairement à ce que certains pensent, je n'ai jamais été un compétiteur, ce qui m'intéresse, ce sont les défis ; certains aspects du monde de la compétition me répugnent parfois. Certaines personnes ne s'occupent ainsi que des élites ; ils n'ont aucun respect pour ceux qui ont des difficultés mais qui essaient de s'accrocher. J'ai déjà entendu une personne de ce milieu se moquer du fait que je puisse faire une accolade à un jeune trisomique. Heureusement, j'ai aussi rencontré des entraîneurs plus humains…

Dans mon parcours j'ai fait preuve de résilience. Je me suis fixé un nouvel objectif, une mission : la sensibilisation des autres aux difficultés de ce style de handicap. Je me sens toujours heureux en aidant les autres. J'ai compris que je pouvais trouver dans le partage et l'accompagnement les ressources pour développer ma propre joie intérieure. J'ai décidé d'utiliser mon expérience et toutes les compétences que j'ai développées, soit professionnellement à travers mes différents parcours, soit en m'appuyant sur mon histoire personnelle. J'ai compris que c'est au travers de ce que mon vécu pourrait apporter aux autres que j'allais pouvoir donner un sens à toutes les souffrances que j'ai dû endurer pour arriver jusque-là. De mes réussites, je m'inspire pour aider les enfants qui me sont confiés ; de mes échecs, je m'aide pour tenter de les préserver de certaines souffrances inutiles.

Pendant ma formation d'éducateur, j'ai souvent accompagné les personnes en situation de handicap dans des activités sportives, qui représentaient d'ailleurs une grande partie des activités que j'encadrais. Le fait d'avoir un passé d'éducateur sportif me permettait de trouver facilement le bon moyen d'entrer en relation avec eux. Je trouvais assez naturellement les exercices les plus pertinents à leur proposer pour leur venir en aide. Ce fut le cas pour un jeune autiste qui, grâce au vélo, parvint à trouver une activité de détente. Il lui arriverait, par la suite, de prendre spontanément son vélo, ce qui lui permettait aussi de se mêler à d'autres cyclistes. Mon accompagnement avait ainsi fini par l'aider à gagner quelques points d'autonomie, entre autres en lui décrivant les gestes à effectuer au fur et à mesure. Je sais, par expérience, que la verbalisation aide à la concentration et canalise les pensées désordonnées, permettant ainsi une meilleure efficacité.

J'ai initié une autre personne à la danse afin de l'aider à travailler sur la conscience du corps. Quand j'ai commencé à travailler avec elle, elle ne savait pas identifier les différentes parties de son corps (bras, jambes, etc.). En utilisant la danse suivie de quelques techniques simples de relaxation, j'ai pu lui trouver un moyen de s'auto-apaiser dans les moments de grandes tensions. Elle semblait beaucoup plus calme après les exercices d'étirements. L'idée était de lui donner ce moyen de s'apaiser toute seule afin de se sentir mieux dans sa vie.

Et c'est en m'occupant d'un autre jeune auquel j'avais appris à nager et à faire des exercices de bruits et de respirations dans l'eau que j'ai découvert que le fait de mettre la tête sous l'eau l'apaisait et le détachait du brouhaha environnant en lui procurant une sensation de calme.

Ces expériences m'ont appris à quel point le fait d'aider des personnes en situation de handicap à prendre un peu confiance en elles, à gagner de l'autonomie ou à améliorer leurs échanges avec les autres, était constructif et plaisant pour moi ; cela donnait du sens à tout ce que j'avais enduré.

Le parcours de ma famille, fait d'incompréhension, de jugements hâtifs, de diagnostics incertains et toujours tardifs, me permet aujourd'hui d'être au plus proche des autres et des nombreuses familles incomprises, qui restent souvent seules avec leurs questions et leurs souffrances. J'ai conscience d'être toujours une « âme blessée » qui attend encore la reconnaissance et l'acceptation du monde qui l'entoure, qui attend encore de sortir de sa solitude et de son isolement. Mais j'ai trouvé mon chemin de vie hors des sentiers battus. J'accepte de plus en plus ma différence. Mes blessures ne resteront pas vaines car elles serviront à panser celles des autres « incompris » qui me ressemblent.

Je vois d'ici les grands spécialistes qui liront ces lignes, avec leurs certitudes, leurs dogmes et leur assurance. Je sais que je ne pourrai jamais m'affirmer face à eux, je suis totalement dénué d'arrogance et incapable de me défendre : je ne connais pas ces codes-là. Je ne sais que parler d'amour et d'humanité, d'efforts authentiques et, croyez-en mon histoire : ces valeurs-là ont un vrai sens pour moi.

J'ai l'intime conviction que, bien souvent, une bonne paire de baskets pourrait remplacer avantageusement le divan du psychanalyste. Mais à condition de respecter l'esprit du sport : la conscience du corps, le mouvement, le défoulement, le bien-être. Surtout pas la compétition, l'individualisme, l'impératif de résultats ou de performance. Il faut bien constater que nous vivons dans une société qui n'accepte la différence que lorsqu'elle est liée à la performance. Les dyspraxiques et les autistes sont ainsi acceptés lorsqu'ils ont un QI élevé. N'oublions pas les autres, plus déficients ; car ils ont la même richesse humaine. J'espère que grâce à ce livre j'aurai réussi à changer le regard de la société sur les handicaps.

On voit toujours le type en fauteuil impressionner tout le monde parce qu'il arrive à courir avec ses prothèses ; c'est brillant, mais s'il est handicapé de naissance et qu'il a passé sa vie à apprendre à compenser, alors oui il a pu s'adapter et la médiatisation lui a ouvert des portes, des budgets, de la confiance. Il est considéré comme un héros. Mais il n'est pas le seul. Je revois cette femme de 120 kilos qui glisse, inerte, sur la piste de bobsleigh ; si ça se trouve elle souffre de douleurs encore plus invalidantes que lui, elle doit en plus affronter les moqueries, et pourtant, sûrement terrifiée, elle a osé sortir de chez elle. Elle ne gagnera ni sponsor ni reconnaissance, personne ne la considérera comme une héroïne. Et pourtant... Le sport, c'est aussi cela : le courage de la sincérité vraie face au culte du paraître médiatiquement porteur...

Pour moi, celui qui réussit à faire s'allonger dans l'eau une jeune qui n'avait absolument aucune conscience de son corps mérite ainsi le même respect que l'entraîneur qui envoie son nageur aux Jeux olympiques. La natation ne représente pas seulement la compétition, elle va bien au-delà : quand je vois un gamin en surpoids, autiste ou dyspraxique, réussir à finir un 50 mètres sous le regard des autres dans une piscine municipale, il devient mon Florent Manaudou à moi !

On met en avant les handicapés physiques qui réalisent des exploits sportifs sans se rendre compte que le handicapé cognitif réalise au quotidien des exploits parfois encore plus remarquables rien qu'en arrivant à s'intégrer dans la société. Il faudrait changer l'image que la société porte sur les handicaps invisibles, c'est une question de communication. Il suffirait de le vouloir et d'y mettre les investissements suffisants, comme cela se fait pour les handicaps physiques. J'ai parfois l'impression que les questions de subventions et de bonne image passent avant la compassion et l'écoute de l'autre dans le milieu sportif, y compris dans le milieu handisport, où je continue tout de même de me former en dehors des fédérations.

Il y a une difficulté quand on ne maîtrise pas son environnement, c'est que l'on doute toujours de soi ; on ne sait pas si ce que l'on va faire ou les paroles que l'on va prononcer seront socialement acceptables. Alors on se remet toujours en question, même quand on a raison ; l'angoisse du moindre changement, la crainte de rompre la stabilité inhibent le peu de confiance que l'on a déjà en soi. Certaines personnes le perçoivent et en profitent pour prendre l'ascendant. La pratique du sport permet de restaurer l'affirmation de soi et de se ressourcer pour reprendre un peu de confiance.

J'ai monté ma micro-entreprise et pour quelqu'un comme moi, vous le savez à ce stade de votre lecture, c'est un exploit de plus ! Je veux montrer à ceux qui me font confiance en me laissant accompagner leurs enfants que toute l'énergie mise dans le fait de vouloir s'aider soi-même sans regarder les autres permet de découvrir sa propre force. Mon idée est de démontrer que la peur, la douleur, le sentiment d'isolement ne résistent plus quand on les laisse s'évacuer à travers l'effort physique.

À travers un accompagnement concret, par des échanges simples, j'ai mis en lumière le courage des « invisibles » que j'ai eu la chance d'accompagner. Prenons un exemple concret : l'autisme provoque des angoisses terribles aux enfants qui, pour canaliser un peu leurs peurs, pratiquent des gestes répétitifs stéréotypés, des sortes de tics qui les soulagent : se frapper l'avant-bras, se gratter la tête, etc. ; difficile de vivre en société avec ces troubles. J'ai proposé à leurs parents de leur enseigner la natation. Les gestes répétitifs de la pratique sportive, qui plus est dans l'environnement doux et « berçant » qu'est l'eau, permettent de transformer ces stéréotypies gênantes en d'autres gestes tout aussi répétitifs mais rassurants et parfaitement acceptés socialement.

L'effort physique, on le sait, permet de libérer les endorphines qui contribuent à expérimenter la sensation de plaisir. Cela crée une bonne expérience, améliore les perceptions et permet d'être moins fermé au contact avec l'autre. La natation comporte aussi une composante intéressante qui est l'exploration. En effet, ces enfants ont souvent peur de l'inconnu ; or à travers l'exploration dans un milieu rassurant et contenant, ils réussissent à s'ouvrir, s'amuser et partager des expériences avec l'autre. J'essaie de mettre ce travail en place dans des séances à deux. De plus, le fait de découvrir sa propre capacité et surtout son propre courage permet de compenser le manque d'assurance lié au fait de se savoir handicapé.

Je n'oublie jamais d'ajouter des moments ludiques afin de les soulager ou de les rassurer après un exercice un peu angoissant. Par exemple, souffler dans l'eau pour créer un bruit de moteur, jouer à Superman, transformer un bras ou une jambe en « bout de bois »… Toute démarche d'éveil corporel est utile.

J'avais déjà eu l'occasion d'expérimenter ce travail aquatique lors de ma formation de moniteur-éducateur. Je m'occupais alors d'un adolescent de 15 ans que nous appellerons Kevin. Atteint du syndrome de Marden-Walker, ce garçon avait beaucoup de difficultés d'autonomie, avait peine à s'habiller, souffrait de difficultés physiques pour parler et, très angoissé, vivait de façon très repliée ou devenait parfois violent en raison d'un champ visuel rétréci qui augmentait un peu plus ses sensations de peur. En travaillant sa position dans l'eau, que je rendais encore plus apaisante en provoquant un léger balancement autour de lui, je profitais des moments où il était rassuré pour faire avec lui des petits exercices respiratoires comme le fait de faire des bulles dans l'eau en faisant le «bruit du moteur» que j'évoquais plus haut. Cela l'aidait à évacuer les bruits environnants qui lui faisaient si peur et l'incitait à se mettre facilement et rapidement en immersion. Kevin se montrait très demandeur de ce genre d'exercices qui l'aidaient à se détendre physiquement. Cela avait permis en plus de lui apporter une meilleure autonomie par ailleurs (l'habillage entre autres).

L'un des enfants dont je m'occupe profite de ces moments de natation pour hurler sous l'eau, à l'abri du regard des autres, pour relâcher les frustrations accumulées pendant la semaine. Un autre enfant, victime de maltraitance à l'école, a pu rire et se détendre grâce au jeu tout simple de l'hippocampe, où l'on monte une frite comme si on montait un cheval. Quand je l'ai vu sourire puis rire, j'ai compris que je pouvais lui apporter vraiment quelque chose, je me suis senti très fier, et grâce à lui, j'ai, pour un temps, moi aussi retrouvé le sourire.

Aux enfants autistes, je propose un rituel constructif. Je sais que la personne autiste aime la routine. Je propose donc un parcours aquatique routinier, y compris dans les obstacles que j'y introduis. Puis, je fais sortir progressivement mes élèves de leur zone de confort en leur proposant quelque chose de nouveau, en changeant les obstacles. Par exemple, je demande à l'enfant de nager sur le dos, ou sortir de l'échelle et aller au toboggan sans moi. Si cela fonctionne bien, je rajoute un saut du plongeoir entre la longueur et le toboggan. L'intérêt de ces variantes est d'habituer l'enfant à gérer des changements de situations, des accidents dans sa routine. S'il s'adapte à ces variations inattendues, il pourra transposer sa méthode d'adaptation à sa vie quotidienne avec un peu moins de stress. La ritualisation de l'activité leur permet de se rassurer aussi par rapport à leur projection de l'avenir. Cette angoisse du futur est très présente chez certains enfants car ils savent déjà qu'ils maîtriseront de moins en moins l'environnement extérieur en grandissant.

Certains troubles DYS s'accompagnent d'hyperacousie : j'ai remarqué que le fait de pouvoir travailler l'immersion repose et détend. Le fait de regarder dans l'eau change les perceptions, je les fais travailler avec lunettes, puis sans lunettes.

Pour certains enfants autistes l'eau est un contexte apaisant car « contenant » : j'ai constaté qu'il n'y a parfois rien de mieux pour calmer leur angoisse que de réussir à les faire mettre en boule, en position fœtale, pour amorcer le travail d'immersion dans l'eau : le résultat est parfois remarquable de soulagement et d'apaisement pour l'enfant qui se sent alors entouré d'un élément doux et réconfortant.

La natation présente ce double avantage de pouvoir travailler le relâchement en conscience, mais aussi de permettre de matérialiser et conscientiser ses angoisses en battant des bras. Rien ni personne n'empêche de battre furieusement des bras pour défouler ses angoisses ! C'est l'occasion alors de travailler la relation à l'autre à travers le regard, la position de confort sans être perturbé par la réalité environnementale si troublante pour la concentration de l'autiste.

Tous ces jeunes sont privés de l'accès au sport, trop souvent cantonné dans son aspect de compétition. Or la compétition est exactement à l'opposé de l'intégration et de la solidarité.

La compétition est une activité de dépendance à la performance et au regard des autres. Une drôle de forme d'esclavage moderne qui emprisonne l'enfant dans l'addiction au résultat : tout le contraire de la douceur humaniste dont les enfants handicapés ont besoin et envie.

La compétition les terrifie alors qu'un accompagnement sportif individuel, en relation authentique avec la personne en situation de handicap, dans un environnement cadré et rassurant, peut lui apporter beaucoup. Je propose un entraînement à deux dans un premier temps. Mais on peut envisager, par la suite, un travail en groupe qui permet de créer des liens entre des personnes qui se comprennent et peuvent s'entraider. L'amitié qui s'en dégage peut même développer les capacités empathiques des enfants autistes. Ce travail, individuel ou en groupe, effectué dans le lieu public aide à la socialisation.

Le but ultime est bien sûr d'aider la personne dont je m'occupe à se socialiser totalement par la suite. Par exemple, en sachant bien nager, il peut s'intégrer dans un groupe où d'autres enfants valides seront contents de lui enseigner le vélo par exemple, tandis qu'il leur montrera la nage.

Un dernier avantage dans ce travail du sport est qu'en plus de la confiance en soi, l'exercice physique aide à développer le tonus et entretenir une bonne santé physique, avec un détail non négligeable : le fait de faire du sport rend le corps plus « esthétique » et contribue à intégrer encore mieux la personne handicapée dans le monde des valides, si axé sur l'apparence. En fin de compte, c'est comme si le sport devenait une sorte de prothèse adaptative.

Une fois qu'on maîtrise son sport, on détient une richesse considérable : un moyen d'évacuer les crises d'angoisse au moment où elles deviennent trop fortes. Alors on n'a besoin de personne pour se soulager. C'est ce que je fais quand je pars nager pour relâcher les tensions et les trop-pleins de pression et de stress engendrés par la vie quotidienne.

15

Se projeter...

Pour qu'aucun enfant ne puisse connaître cette souffrance, cette blessure intime et profonde que personne ne peut voir, j'ai voulu écrire. Je pense aussi à ceux qui n'ont pas de parents derrière eux pour les soutenir : comment font-ils ? Parce que sincèrement je pense qu'un enfant avec des troubles des apprentissages ne peut être réellement bien compris que par sa propre famille. Au moment où j'écris ces mots, j'ai considérablement avancé dans ma propre histoire ; découvert que le diagnostic, à la fois si important et en fin de compte si dérisoire en regard de la valeur d'une vie, va peut-être être complété. Ce livre témoigne d'une expérience de terrain, une expérience que j'ai voulu mener seul, en toute liberté et loin des carcans qui entravent habituellement les personnes souffrant des mêmes troubles que moi.

Quand le monde devient un peu trop dur ou trop violent pour moi, je pars nager à la cale de Larmor-Plage. J'aime tant nager ! Je ressors de là revigoré, de nouveau confiant, et je me rappelle que je ne suis pas seul à me battre perpétuellement.

Je pense à mes parents ; tout ce que je suis devenu, c'est aussi grâce à eux. J'ai toujours été porté par l'idée qu'il me fallait à tout prix devenir un type bien pour rembourser toute l'attention et la disponibilité qu'il m'a accordées. Je pense également à mon grand-père, qui a produit tant d'efforts pour me porter et m'accompagner. Grâce à eux et grâce à mon travail, avec la force de leur amour et du courage qu'ils m'ont transmis, tout est venu ; certes lentement, mais j'y suis arrivé : « Ce qui noie quelqu'un, ce n'est pas le plongeon mais le fait de rester sous l'eau » (Paulo Coelho).

Aujourd'hui, je rêve d'aller traverser le lac Saint-Jean, au Canada. Il s'agit d'une des épreuves sportives les plus difficiles au monde, la quatrième dans l'ordre des difficultés : traverser ce lac de 32 kilomètres est bien plus compliqué que traverser la Manche. L'idée serait d'y aller avec mon père et de filmer cette aventure comme pour représenter la résilience que nous partageons. Ce serait la cicatrisation de toutes ces blessures, une métaphore du parcours douloureux et chaotique qu'il a fallu accomplir ; mais cette traversée bouclerait la boucle comme une sorte de fin des difficultés, une libération, une transition vers une vie plus légère, moins douloureuse.

Ou alors, plus raisonnable peut-être, en tout cas plus simple à organiser, serait le projet de participer au triathlon « *Ironman* » de Nice : 3,8 kilomètres de natation en Méditerranée, 180 kilomètres de vélo autour de Nice et 42,195 kilomètres de course à pied. Pourquoi pas en 2019 ? J'aime le triathlon parce qu'avec ses trois disciplines il constitue un formidable parallèle avec ma vie. Le vélo, d'autant plus difficile pour moi qu'il demande une concentration qui me crée des pertes de tonus régulières qui me font pédaler parfois à l'envers. La course à pied, où l'on doit repérer un parcours, effectuer les transitions, anticiper un trajet, s'adapter à des environnements successifs, ce qui n'a rien du tout de naturel pour moi. Alors, comme d'habitude, je compense avec la natation : là je peux « bourriner » tellement que je réussis à compenser mes handicaps dans les autres disciplines. Alors je mets tellement le paquet, que mon énergie et ma volonté finissent par se remarquer et cela force la reconnaissance, pour une fois, de mes performances.

C'est là une différence entre le triathlon et ma vie : pour une fois les autres réalisent la quantité d'énergie que je peux dépenser pour m'adapter au monde ! Et dans ces cas-là, je me sens fier de réussir tout cela en étant dyspraxique. Je revalorise mon identité profonde et je me retrouve de nouveau dans ma conviction que, quoi qu'il arrive, je donne toujours le maximum pour franchir les lignes d'arrivée de la vie. Et même si les lendemains sont douloureux, les récupérations très difficiles, j'ai encore avancé, peu importe le classement (généralement mauvais car je me trompe toujours au moins une fois dans le parcours et je perds du temps), je ressens pleinement la valeur de ma vie, je sais alors vraiment qui je suis et je peux croire en moi.

Ce que je retiens à force d'avancer contre vents et marées, quand tout est si compliqué, c'est qu'en fin de compte rien ne me paraît plus difficile, rien ne me paraît plus inaccessible puisque tout l'est à la base ! Alors pourquoi pas reprendre mes études de neuropsychologie ?

Et continuer d'aider les enfants et les familles. Mes clients, je ne les ai pas volés aux institutions, je ne suis pas allé les soustraire aux établissements, ni dans les fédérations. Je les ai trouvés naturellement, «à la source», dans la société, où je ne manque jamais de les reconnaître et où ils me «détectent» par résonance. Je rencontre des parents perdus qui cherchent des solutions. Et je propose mon aide avec sincérité en me disant que chaque once de bien-être ou de mieux-être que je pourrai apporter sera déjà un début de solution. En plus du mieux-être psychologique, le fait de travailler l'apprentissage d'un sport est un moyen de valorisation concret.

Je partage une relation profonde, de soutien réciproque avec chaque enfant que j'aide. Parce que je sais qu'un autiste Asperger fait les choses parce qu'elles lui plaisent, pas parce qu'elles le positionnent dans une société dont il ne connaît pas les codes. Je partage ma passion, suscite de la motivation à vouloir progresser. J'ai envie de les aider parce que je suis conscient qu'ils m'aident eux aussi. Alors je fais tout pour les aider à découvrir leur estime de soi, leur meilleure arme pour avancer. Apporter mon aide est ma raison de vivre et ma source de joie dans la vie.

Aujourd'hui je donne mes cours de natation à des enfants dans la même piscine où mes parents m'emmenaient. Quand je ne vais pas bien ou quand les choses ne se déroulent pas comme je l'espérais, je regarde le mur de gauche et le hublot du sauna-hammam. Parce qu'avant, ce n'était pas un sauna-hammam : c'était là d'où les parents pouvaient regarder leur enfant nager. Je me replonge dans le passé et je vois mon père et mon grand-père me regarder à travers ce hublot. Je les vois me regarder donner des cours à une ribambelle de gamins. Et je me revois dans cette ribambelle, seul, hyperactif, désorganisé et peureux ; je suis arrivé en retard parce que Papi m'a aidé à défaire mes lacets et à enlever mes habits. Je vais probablement partir en retard parce que je n'arriverai pas à enlever mes palmes à temps et que j'oublierai mes affaires sur le banc. Mais j'aime cette activité et je regarde le maître-nageur: il s'appelle Julien !

Parfois je me dis: oui, je suis allé jusqu'en National 3, mais je n'ai jamais percé ni comme nageur triathlète, ni comme entraîneur, il me manque encore cette revanche-là sur la vie ; non, je ne suis pas ergothérapeute, ni champion olympique ; ma colère et ma hargne n'auront pas écrasé tous les concurrents. Alors je baisse la tête et je regarde le petit Mattéo: je vais l'aider à devenir autonome dans l'eau pour qu'il développe sa confiance en lui afin de devenir autonome dans sa vie… et peut-être heureux aussi. Et puis je regarde par le hublot et je vois l'ombre de mon grand-père s'effacer avec un large sourire. J'esquisse à mon tour un sourire: mais oui, on a largement gagné !

Post-scriptum

Pour tous les enfants atteints de troubles des apprentissages et du développement, pour une meilleure compréhension de leurs difficultés, pour les aider à se bâtir un avenir... pour leur bonheur à tous,

Julien

Postface

Comment franchir les lignes d'arrivée de la vie ?

Voilà la question que pose Julien dans cet ouvrage qu'il adresse à tous les enfants bataillant avec un handicap invisible. En quoi ce récit peut-il les aider ? Mais aussi aider les parents, les enseignants, les personnes qui accompagnent l'enfant *autrement capable* à grandir ?

J'ai rencontré Julien en tant que directrice de l'institut de formation en ergothérapie à l'université Paris-Est Créteil. Un garçon brillant, qui avait réussi à se placer dans les tout premiers au concours d'admission. Et un garçon que j'ai appris à connaître très vite car il avait été signalé par divers enseignants de travaux pratiques pour des difficultés gestuelles.

Quand il voulait me voir, il restait sur le pas de la porte de mon bureau, n'osant entrer, craintif, le regard fuyant. Il se passait quelque chose !

D'hypothèse en hypothèse, un diagnostic tomba, un de plus. Une année de césure, toujours le triathlon, un peu de théâtre, un emploi auprès de personnes âgées, un permis de conduire et une reprise d'études dans un dispositif particulier d'accompagnement psychologique qui amena Julien à prendre sa décision au bout de nombreux mois : arrêter de suivre la formation en ergothérapie.

En lisant *Mon parcours de dyspraxique*, c'est l'intime de la dyspraxie qui est révélé. Ce que je pressentais certes, mais bien plus fort, bien plus profond, bien plus explicite. Difficultés, souffrances, douleurs, doutes, épuisement mais aussi persévérance, acharnement, volonté *contre vents et marées*… Julien parvient à laisser voir sous l'écorce comment il s'est construit lentement, péniblement, patiemment et comment il a réussi, si ce n'est à être ergothérapeute, au moins à être un professionnel qui aide autrui, sachant mieux que d'autres professionnels sans doute les effrois par lesquels passe celui qui est aidé, comment apaiser et donner confiance.

Il apporte ainsi non seulement une compréhension de ce que vivent les personnes avec un handicap invisible mais, en retour, comment l'entourage familial ou professionnel peut adopter une attitude favorisant l'apprentissage. Julien parvient, lui aussi, à avoir confiance.

Hélène Hernandez
Directrice de l'institut de formation en ergothérapie,
université Paris-Est Créteil

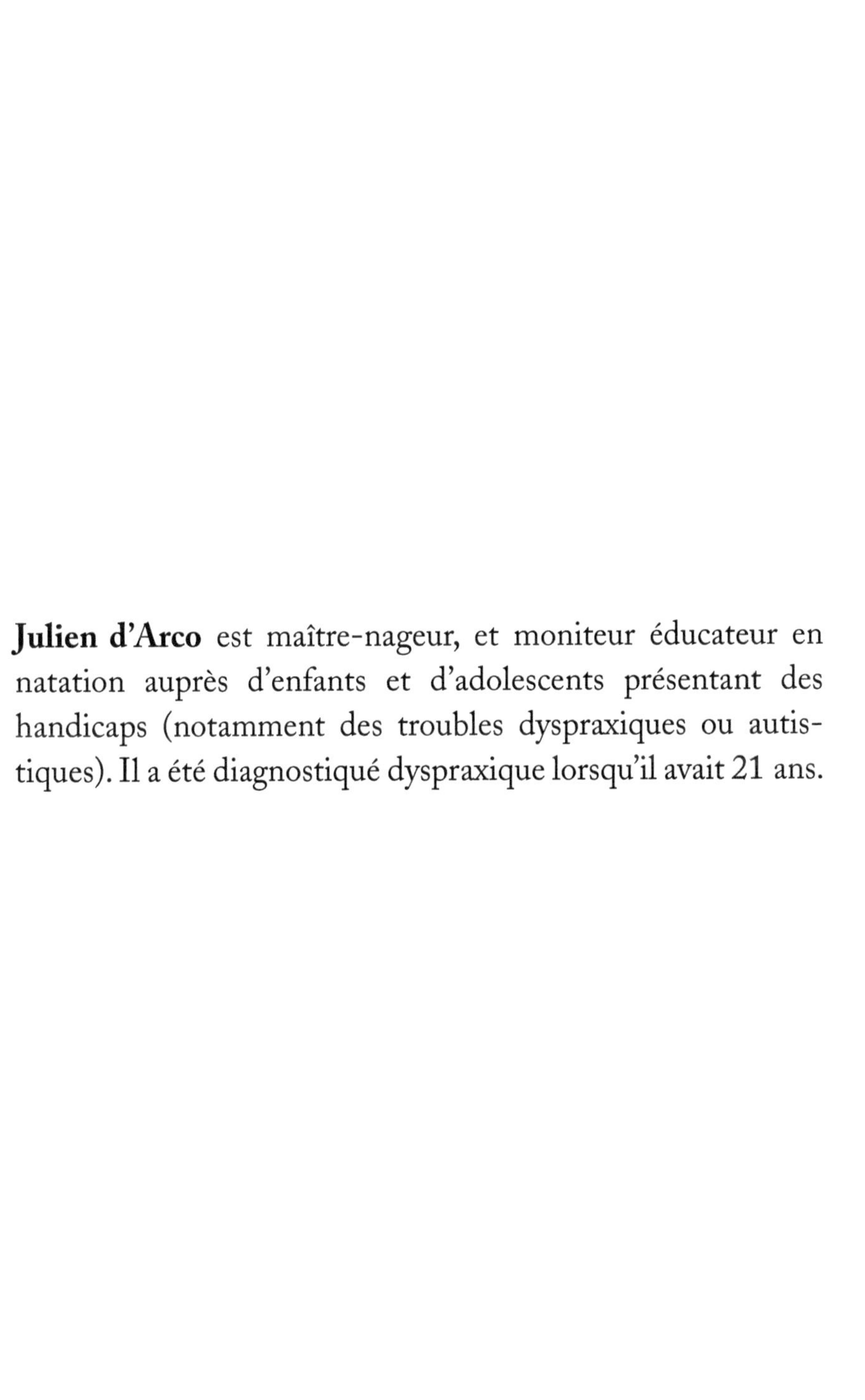

Julien d'Arco est maître-nageur, et moniteur éducateur en natation auprès d'enfants et d'adolescents présentant des handicaps (notamment des troubles dyspraxiques ou autistiques). Il a été diagnostiqué dyspraxique lorsqu'il avait 21 ans.

Merci d'avoir choisi ce livre Eyrolles.
Nous espérons que votre lecture vous a plu et éclairé(e).

Nous serions ravis de rester en contact avec vous et de pouvoir vous proposer
d'autres idées de livres à découvrir, des événements avec nos auteurs,
des jeux-concours ou des lectures en avant-première.

Intéressé(e)? Inscrivez-vous à notre lettre d'information.

Pour cela, rendez-vous à l'adresse go.eyrolles.com/newsletter
ou flashez ce QR code (votre adresse électronique sera à l'usage unique
des éditions Eyrolles pour vous envoyer les informations demandées):

Vous êtes présent(e) sur les réseaux sociaux?
Rejoignez-nous pour suivre d'encore plus près nos actualités:

Eyrolles Bien-être

Merci pour votre confiance.
L'équipe Eyrolles

Alexandra Reynaud

LES TRIBULATIONS D'UN PETIT ZÈBRE

Épisodes de vie
d'une famille **à haut
potentiel intellectuel**

Le livre du blog !

EYROLLES

Alexandra Reynaud

Asperger et fière de l'être

Voyage au cœur d'un autisme pas comme les autres

Par l'auteur des
Tribulations d'un Petit Zèbre

EYROLLES

Histoires de vie

La manipulation dans le couple

« J'ai aimé un pervers »

Mathilde Cartel
Carole Richard
Amélie Rousset

EYROLLES

Composition: Soft Office

Dépôt légal : janvier 2022
Imprimé en Allemagne par BoD

www.ingramcontent.com/pod-product-compliance
Ingram Content Group UK Ltd.
Pitfield, Milton Keynes, MK11 3LW, UK
UKHW020000100726
13658UKWH00002B/737